VEGAN FRANKREICH

ARNOLD PÖSCHL

NeunZehn Verlag

INHALT

CUISINE FRANÇAISE – DIE FRANZÖSISCHE KÜCHE

Die französische Küche zählt seit dem 15. Jahrhundert zu den einflussreichsten Landesküchen Europas. In dieser Zeit wurden auch die ersten Kochbücher in französischer Sprache gedruckt.

Im 17. und 18. Jahrhundert galt der französische Hof als kulturell führend und somit war die französische Küche bestimmend für die Küchen vieler Adelshäuser in Europa. Die klassische westliche Speisenfolge mit Suppe, Hauptgang und Dessert sowie die Steigerung auf mehrgängige Menüs fanden hier ihren Ursprung.

Das Essen war in Frankreich schon immer ein wichtiger Bestandteil des täglichen Lebens und genießt auch heute noch einen hohen Stellenwert. Zur Zeit der Französischen Revolution wurden immer mehr Restaurants eröffnet und so fand auch das französische Bürgertum mehr und mehr Zugang zur gehobenen Kochkunst. Die Köche etablierten in ihren Restaurants ein Niveau der Zubereitung und Qualität der Speisen. Die neu geborene Grande Cuisine verbreitete sich im In- und Ausland und erlangte weltweit Bekanntheit. Besonders in den französischen Oberschichten wurde dem kulinarischen Genuss eine große Bedeutung zugeschrieben.

Die sogenannte Haute Cuisine entstand im 19. Jahrhundert und entwickelte sich zur französischen Nationalküche. Sie zeichnet sich durch sehr hohe Qualität und Vielseitigkeit aus. Man findet aber auch quer durch das Land verschiedene Regionalküchen, die auf ortstypischen Zutaten, Kombinationen und Zubereitungsarten basieren. Zu den bekanntesten Regionalküchen zählen die der Normandie, Bretagne und Provence. Vereinfacht könnte man sagen, dass im Süden Frankreichs eher mediterran und im Binnenland eher deftig gekocht wird.

Frankreichs Küche wird oft mit einer besonderen Lebenskunst (l'art de vivre) assoziiert. Dass diese Kunst auch vegan wunderbar zu leben ist, soll dieses Kochbuch zeigen. In diesem Sinne: Bonne chance et bon appétit !

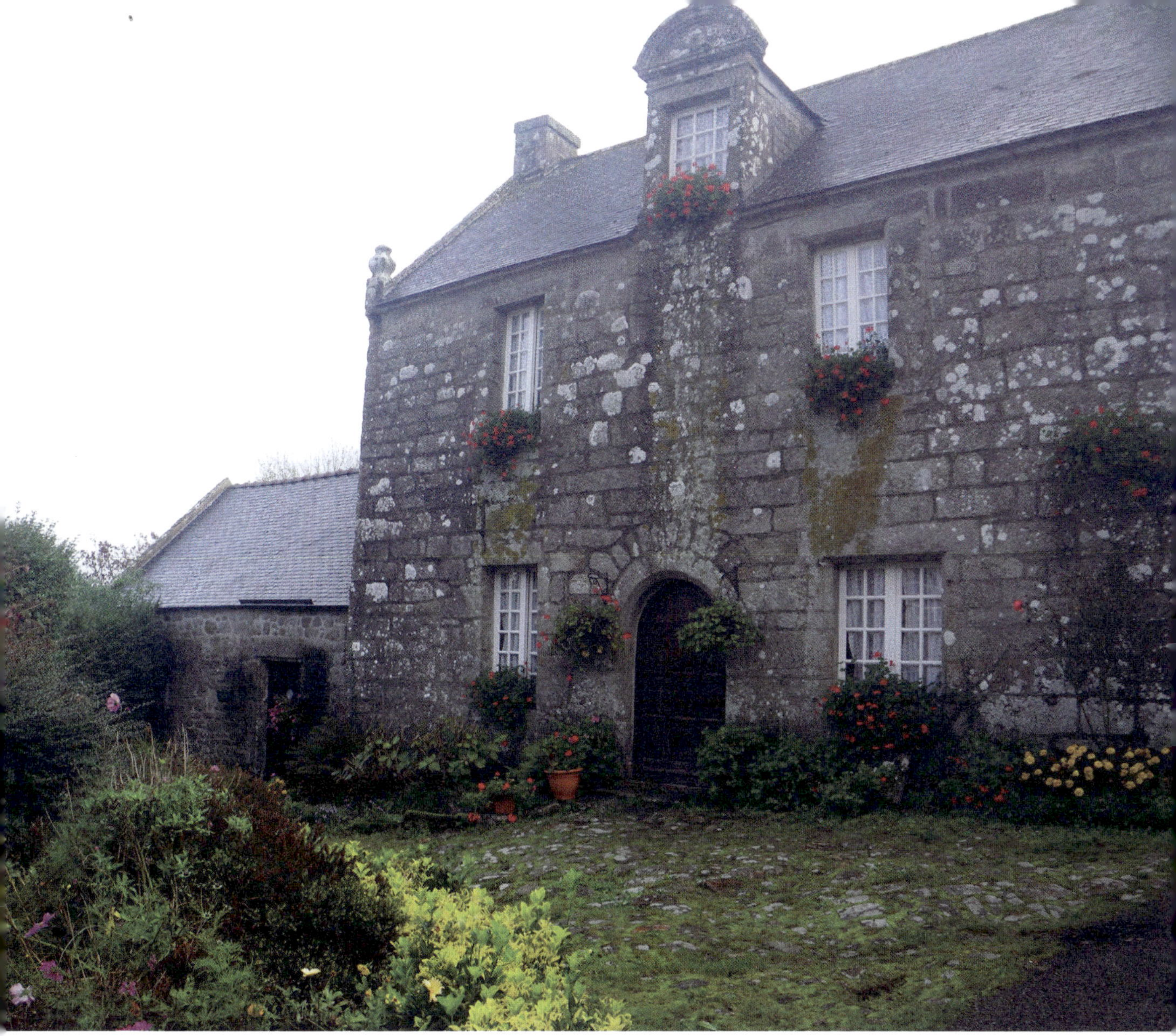
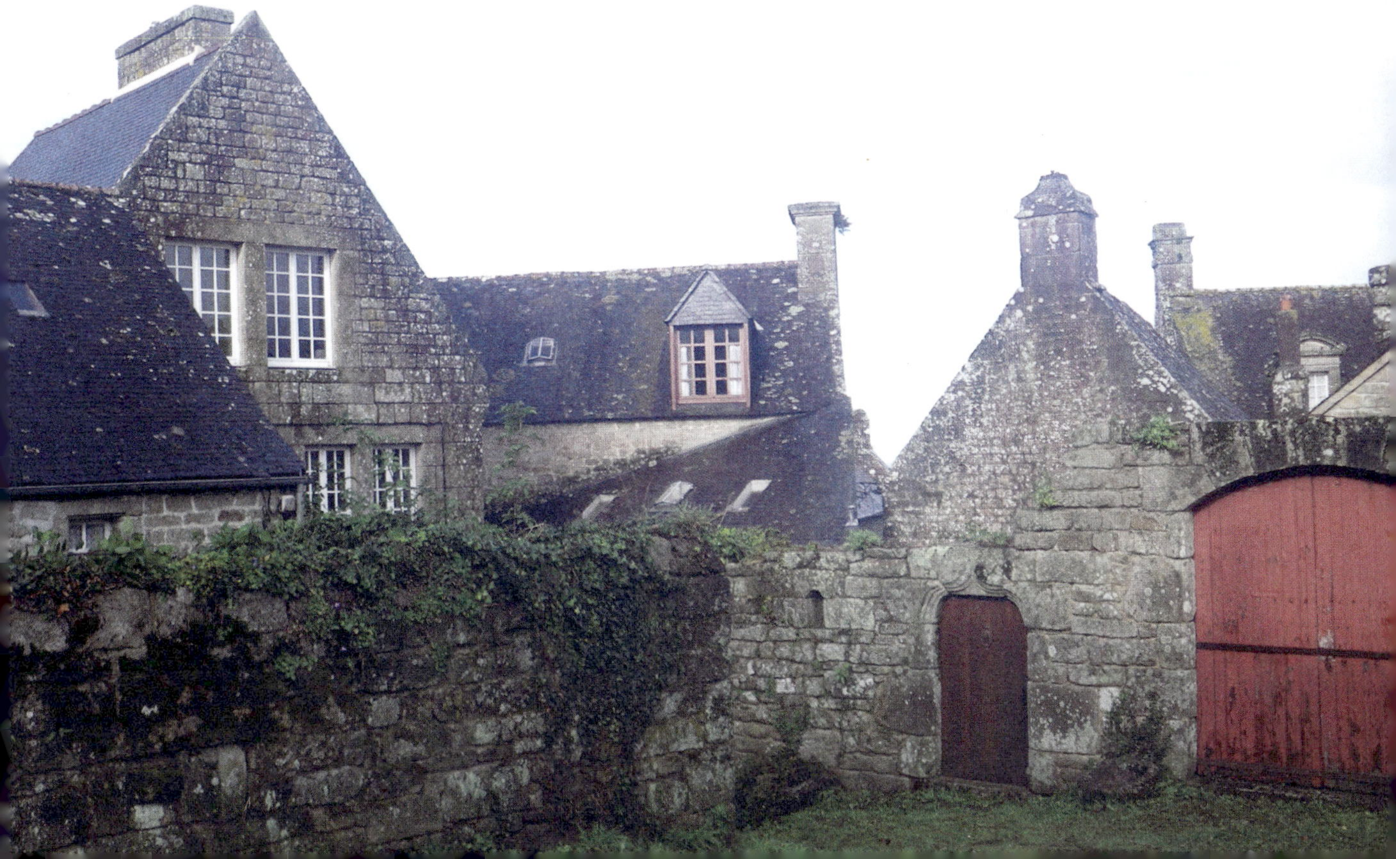

REZEPTTEIL

Alle Rezepte sind für 4 Personen ausgelegt.
Ausnahmen sind mit entsprechenden Angaben versehen.

BASICS

BAGUETTE

Übersetzt bedeutet das Wort „Baguette" Stöckchen,
womit wohl auf seine lange, schlanke Form verwiesen sein soll.

DAUER: 1 Stunde
+ 6 Stunden Ruhezeit
6 Stück

1 kg feines Weizenmehl
(Typ 550)
2 Pckg. Trockenhefe
750 ml lauwarmes Wasser
3-4 TL Salz

1. Die festen Zutaten gut vermengen, das Wasser beifügen und alles gut kneten. Mit dem Handrührgerät den Teig schlagen, bis er glatt ist und sich vom Schüsselrand löst. Die Oberfläche des Teiges mit etwas Mehl bestäuben und mit einem Tuch zugedeckt an einem warmen Ort ca. 6 Stunden ruhen lassen.

2. Den Teig auf einem bemehlten Backbrett nochmals gut durchkneten und in 6 Stücke teilen. Jedes Teigstück nochmals kneten und zu einer Rolle formen.

3. Backbleche mit Backpapier auslegen und je 3 Teigrollen mit der Naht nach unten auf die Bleche legen. Zugedeckt nochmals 10 Minute gehen lassen. Den Backofen auf 250°C Ober-/Unterhitze vorheizen.

4. Die Brote mit einem scharfen Messer mehrmals schräg einschneiden und mit Wasser bestreichen. Auf der zweiten Schiebeleiste von unten 15 Minuten backen, die Temperatur auf 200° C verringern und weitere 30 Minuten fertig backen.

TIPP: Traditionell darf das Baguette nur aus Weizenmehl, Hefe, Wasser und Salz zubereitet werden. Als zusätzliche Zutaten sind nur Bohnenmehl, Sojamehl und Weizenmalzmehl unter 2% erlaubt, falls man etwas Abwechslung möchte.

BRIOCHES

Brioches haben ihren vermeintlichen Ursprung in der Normandie. Das Besondere an ihnen ist, dass zwei unterschiedlich große Hefeteigkugeln pyramidenartig aufeinander gesetzt werden.

DAUER: 1 Stunde

30 Mini-Brioches

500 g Weizenmehl
30 g Hefe
6 EL lauwarme Sojamilch
2 TL Zucker
150 g hochwertige Margarine
4 EL Sojajoghurt
½ TL Salz
etwas Pflanzensahne zum Bestreichen
Margarine für die Förmchen

1. Förmchen mit zimmerwarmer Margarine gut ausstreichen.

2. Mehl in eine Schüssel sieben, eine Vertiefung eindrücken und die Hefe hinein bröseln. Mit Sojamilch, Zucker und etwas Mehl zum Vorteig verrühren. Mit einem Baumwolltuch abdecken und an einem warmen Ort ca. 15 Minuten gehen lassen.

3. Margarine schmelzen, abkühlen lassen und mit Sojajoghurt und Salz zum Mehl geben. Alle Zutaten gut miteinander verrühren. Den Teig mit den Händen kneten, bis er elastisch ist. Wieder zugedeckt 15 Minuten gehen lassen.

4. Teig gut kneten, halbieren und aus jeder Hälfte eine Rolle formen. Beide Rollen in je 15 gleich große Stücke teilen. Aus jedem Stück je eine große und eine kleine Kugel formen. Die großen Kugeln in die Förmchen geben, mit dem Daumen eine Vertiefung in den Teig drücken und diese mit etwas Pflanzensahne bestreichen. (Man könnte auch etwas Konfitüre hineinfüllen, wenn man möchte.) Die kleinen Kugeln jeweils in die Vertiefung setzen. Die Brioches mit der Pflanzensahne bestreichen. Nochmals 10 Minuten gehen lassen.

5. Backofen auf 220° C Ober-/Unterhitze vorheizen, Förmchen auf das Backblech geben und auf der zweiten Schiebeleiste von unten ca. 15-20 Minuten goldgelb backen. Auf einem Kuchengitter auskühlen lassen.

TIPP: Wer keine Förmchen hat, kann die Brioches formen und direkt auf das Backblech setzen. Ihre Form ist dann zwar nicht so schön, aber sie schmecken genauso gut!

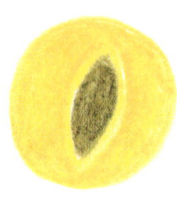

CROISSANT À L'ABRICOT
CROISSANTS MIT APRIKOSE

Die Sichelform des zunehmenden Mondes soll für die Namensgebung verantwortlich sein.
Sehr aufwendig in der Zubereitung, aber man wird mit einer unvergleichlich zart-blättrigen Konsistenz belohnt.

DAUER: 25 Minuten
+ ca. 12 Stunden Kühl-
bzw. Ruhezeit
8 Stück

500 g veganer Plunderteig
8 TL Aprikosenkonfitüre
etwas Pflanzensahne zum
Bestreichen

Für den Teig:
225 g Weizenmehl
1 Prise Salz
20 g Zucker
½ Pckg. Trockenhefe
75 ml Sojamilch
80 ml Wasser, kalt
10 g hochwertige Margarine,
zerlassen

125 g hochwertige Margarine,
kalt
1 TL Weizenmehl

1. Milch und Wasser in eine Schüssel geben. Mehl, Salz, Zucker und Trockenhefe vermischen und dazugeben und zuletzt die zerlassene Margarine in Flöckchen hinzufügen. Kurz mit einem Rührknethaken (ca. 1 Minute) bei niedriger Geschwindigkeit verkneten (eventuell etwas Wasser oder Mehl dazugeben). Den Teig zu einer Kugel formen und in einer geölten Schüssel mehrere (mind. 6) Stunden kühl stellen.

2. Nach der Kühlzeit die kalte Margarine in Flocken schneiden und mit 1 TL Mehl verkneten. Dabei schnell arbeiten, damit die Margarine nicht zu weich wird. Die Margarine auf eine Folie legen und ein Quadrat von 15x15 cm mit etwa 0,5 cm Dicke formen. In Küchenfolie wickeln und 1 Stunde kalt stellen.

3. Den Teig auf einer bemehlten Arbeitsfläche zu einem Rechteck mit etwa 30x20 cm ausrollen. Die Margarine auf die linke Seite des Teiges legen und die rechte Seite darüber klappen. Die Ränder gut festdrücken. Das Ganze vorsichtig mit einem Nudelholz ausrollen (auf eine Größe von 40x20 cm). Die Ecken einmal von rechts und von links zur Mitte falten und ca. 30 Minuten kühlen.

4. Den Teig auf eine bemehlte Arbeitsfläche legen. Nochmals vorsichtig mit einem Nudelholz ausrollen (auf eine Größe von 40 x 20 cm) und die Drittel aufeinander falten. 30 Minuten kühlen und nochmals wiederholen. Den Teig weitere 20 Minuten kühlen.

5. Den Teig zu einem Kreis mit 30 cm Durchmesser ausrollen. In 8 Teigecken (wie Pizzastücke) schneiden. 1 TL Aprikosenkonfitüre in die Mitte setzen und das Croissant von unten aufrollen, dabei die Ecken etwas nach innen biegen. Die Spitze fest unter dem Croissant andrücken, damit sie beim Backen nicht hochspringt. Die Croissants auf einem mit Backpapier ausgelegtem Backblech 2-3 Stunden gehen lassen.

6. Backofen auf 180° C Ober-/Unterhitze vorheizen. Croissants mit etwas Sojasahne bestreichen, damit sie beim Backen eine schöne goldbraune Farbe bekommen. 20-25 Minuten auf mittlerer Schiebeleiste goldgelb backen.

AÏOLI
AIOLI

Aioli stammt aus Marseille. Das Grand Aioli ist ein Fest,
wo sich Familie und Freunde gesellig zusammenfinden und miteinander essen.

DAUER: 10 Minuten

80 g weißes Brötchen (z.B. Toastbrot) ohne Rinde, in ein wenig Wasser eingeweicht
200 ml Olivenöl, extra nativ
6 Knoblauchzehen
Salz, Pfeffer

1. Das eingeweichte Brot ausdrücken, zerkleinern und in ein hohes Gefäß geben. Knoblauchzehen schälen, grob hacken und dazugeben.
2. Zuerst tropfenweise, dann etwas zügiger Olivenöl unter ständigem Pürieren mit dem Stabmixer einfließen lassen. Sollte das Aioli zu fest sein, mit etwas Sojajoghurt vermengen.

BOUILLON DE LÉGUMES
GEMÜSEFOND

Der Fond ist ein wichtiges Basisrezept, besonders in der veganen Küche.

DAUER: 2 Stunden

1 kg gemischtes Gemüse
(Zwiebeln, Karotten, Sellerie,
Fenchel, ...)
2 l Wasser

1. Gemüse nach Vorrat und Wahl waschen, putzen und grob zerkleinern.

2. Mit 2 l Wasser in einen großen Topf geben. Aufkochen lassen, Hitze verringern und ca. 2 Stunden zugedeckt köcheln lassen.

PÂTE D'OLIVE
OLIVENPASTE

DAUER: 10 Minuten

70 g schwarze Oliven ohne
Stein
20 g Kapern
1 TL Dijon-Senf
3 EL Olivenöl
Salz, Pfeffer

1. Oliven und Kapern grob hacken und mit dem Senf in ein hohes Mixgefäß geben. Mit dem Stabmixer das Olivenöl einarbeiten.

2. Die Paste mit etwas Salz und Pfeffer abschmecken.

TIPP: Frühe Oliven sind grün, vollreife dunkel bis schwarz. Am schmackhaftesten sind die kleinen, schwarzen Niçoise-Oliven.

PESTO PROVENÇAL
PROVENZALISCHES PESTO

Pesto, französisch „Pistou", besteht im Originalrezept nur aus Olivenöl, frischem Basilikum und Knoblauch.

DAUER: 10 Minuten

100 ml natives Olivenöl extra
40 g Pinienkerne
1 Bund Basilikum
5 Knoblauchzehen
1 TL Hefeflocken
Salz, Pfeffer

1. Im Mörser die festen Zutaten zu einer dicken Paste zerstoßen.
2. Tropfenweise Öl einmischen, bis eine dickflüssige Sauce entsteht.
3. Mit Salz abschmecken.

VINAIGRETTE
SALATDRESSING

„Vinaigre" – Essig – heißt übersetzt „saurer Wein".
Je besser die Qualität des Weins, desto besser ist auch die Qualität des Essigs.

DAUER:

2 EL Rotweinessig
7 EL Olivenöl
1 EL Dijonsenf
1 Prise Zucker
1 TL Salz
Pfeffer

1. Den Essig mit Senf, Zucker, Salz und Pfeffer verrühren.
2. Das Öl tröpfchenweise mit dem Handmixer hinzugeben, bis das Dressing eine sämige Konsistenz hat.

FROMAGE À LA CRÈME
FRISCHKÄSE

Dieser Frischkäse kann sehr gut für die unterschiedlichen Tartes als Bodenbelag verwendet werden,
weil er vom Geschmack her sehr neutral ist.

DAUER: 30 Minuten

1 l Sojadrink
3 TL Apfelessig
3 TL Zitronensaft
Salz, Pfeffer
etwas Pflanzensahne
(optional)

1. Sojadrink mit Apfelessig und Zitronensaft aufkochen. Zurückschalten und unter ständigem Rühren ca. 10 Minuten köcheln lassen, bis die Milch ausflockt.

2. In ein großes Sieb ein sauberes Baumwolltuch legen, den Sojadrink hineinschütten und die Tuchenden zusammendrehen. Den Inhalt immer wieder gut ausdrücken, bis eine feste Masse entstanden ist. In eine Schüssel umfüllen und mit Salz, Pfeffer und eventuell etwas Pflanzensahne vermengen.

BÉCHAMEL

Als klassische Grundsauce wird sie besonders in der französischen Küche sehr geschätzt.

DAUER: 15 Minuten

1 l Sojadrink
4 gestr. EL Weizenmehl
100 g hochwertige Margarine
Salz, Pfeffer

1. Margarine schmelzen lassen, das Mehl mit einem Schneebesen einrühren, aber nicht bräunen lassen.
2. Langsam den Sojadrink zugießen, dabei ständig weiterrühren. Leicht köcheln lassen, Umrühren nicht vergessen! Die Béchamel legt sich schnell am Topfboden an. Die Konsistenz (eher dicker als dünner) richtet sich nach der Flüssigkeitsmenge. Auch beim Wiedererwärmen ständig rühren!

HORS-D'ŒUVRES
VORSPEISEN

SOUPE À L'OIGNON FRANÇAISE
FRANZÖSISCHE ZWIEBELSUPPE

Eine Spezialität aus Paris. Früher trafen sich Frühaufsteher und Spätheimkehrer gleichermaßen in den alten Pariser Markthallen – im „Bauch von Paris" – um sich damit zu stärken.

DAUER: 2 Stunden

Für die Suppe:
750 g Zwiebeln
3 EL Sonnenblumenöl
2 EL Olivenöl
1 Prise Zucker
½ TL Salz
1 gestr. EL Weizenmehl
1 ½ l Gemüsebrühe
200 ml Weißwein
Salz, Pfeffer

Für die Einlage:
8 Scheiben Baguette
(ca. 1 cm dick)
2 Knoblauchzehen
2 EL Olivenöl
125 g veganer Reibekäse

1. Zwiebeln schälen und in wirklich sehr dünne Scheiben schneiden.

2. In einem großen Topf die Öle auf mittlerer Stufe erhitzen. Zwiebeln dazugeben und unter Rühren 5 Minuten glasig anbraten. Zudecken und bei geringer Hitze ca. 15 Minuten garen, dabei immer wieder umrühren. Zucker und Salz beifügen und weitere 20 Minuten unbedeckt braten, bis die Zwiebeln goldbraun sind.

3. Das Mehl unter die Zwiebeln rühren und ca. 3-4 Minuten bräunen. Langsam die heiße Brühe angießen und die Suppe zum Kochen bringen, dabei immer wieder gut durchrühren. Wein beifügen und mit frisch gemahlenem Pfeffer würzen. Die Temperatur zurückschalten, Deckel aufsetzen und nochmals 30-40 Minuten köcheln lassen, bis die Zwiebel zu zerfallen beginnt.

4. Baguette in Scheiben schneiden und toasten. Anschließend mit halbierten Knoblauchzehen und Olivenöl einreiben.

5. Backofen auf 240° C Ober-/Unterhitze (oder einfach auf Grillfunktion) vorheizen. Die Suppe auf 4 ofenfeste Formen verteilen, mit je 2 Brotscheiben belegen und mit Reibekäse bedecken. Auf ein mit Backpapier ausgelegtes Backblech stellen und im oberen Drittel des Backofens goldbraun überbacken. Sofort servieren.

TIPP: Je feiner die Zwiebeln geschnitten sind, desto besser!

SOUPE DE TOMATE À LA MOUSSE DE ROMARIN
TOMATENSUPPE MIT ROSMARINSCHAUM

Der Name „Rosmarin" bedeutet „Tau des Meeres".
Rosmarin wächst besonders gut in der salzhaltigen Luft mediterraner Regionen.

DAUER: 30 Minuten

Für die Suppe:
600 g reife Tomaten
450 g geschälte Tomaten
(Dose) samt Flüssigkeit
1 EL Olivenöl
2 Schalotten
5 Knoblauchzehen
2 Lorbeerblätter
1 TL Oregano, getrocknet
2 Thymianzweige
200 ml Wasser
Salz, Pfeffer

Für den Rosmarinschaum:
200 ml Sojadrink
1 Rosmarinzweig
1 Prise Salz
Pfeffer

1. Die Tomaten kreuzweise einschneiden und in einem Topf mit kochendem Wasser übergießen. Nach ca. 5 Minuten herausnehmen, die Haut abziehen und grob würfeln.

2. Schalotten und Knoblauchzehen schälen und fein würfeln. Olivenöl in einem Topf erhitzen und Schalotten und Knoblauch darin anbraten. Die Tomaten dazugeben, kurz mitbraten lassen und die Hitze zurückschalten. 15 Minuten köcheln lassen, Dosentomaten samt Flüssigkeit hinzugeben, ebenso die Gewürze. Durchrühren und mit Wasser aufgießen. Weitere 10 Minuten köcheln lassen.

3. Suppe mit dem Stabmixer pürieren und mit Salz und Pfeffer würzen. Teller vorwärmen und bereitstellen.

4. Für den Rosmarinschaum den Sojadrink mit dem Rosmarinzweig fast zum Kochen bringen. Kurz vor dem Aufkochen aufschäumen. Die Suppe mit dem Rosmarinschaum anrichten.

SOUPE CHÂTAIGNE
KASTANIENSUPPE

Die Esskastanie, auch Edelkastanie oder Marone, galt früher als „Brot der Armen".
Besonders im frühen Mittelalter zählte sie zu den wichtigsten Nahrungsmitteln.

DAUER: 60 Minuten

200 g geschälte, gekochte
Kastanien (Maronen)
150 g Kartoffeln
1 Zwiebel
100 g Selleriewurzel
100 g Karotten
50 g Fenchel
1 EL Vollrohrzucker
1 EL Apfelessig
4 Pfefferkörner
5 Wacholderbeeren
2 Lorbeerblätter
1 Msp. Nelkenpulver
1 l Wasser

1. Kartoffeln waschen, schälen und grob würfeln. Sellerie, Karotten und Fenchel putzen und würfeln. Zwiebel schälen und fein würfeln.

2. In einem großen Topf Zucker schmelzen lassen, mit Apfelessig ablöschen und Wasser aufgießen. Mit einem Schneebesen gut durchrühren. Gemüse, Gewürze und die zerkleinerten Kastanien dazugeben, aufkochen lassen und die Hitze zurückschalten. Etwa 45 Minuten köcheln lassen, dabei immer wieder durchrühren. Eventuell etwas Wasser nachgießen.

3. Die Suppe durch ein Sieb passieren und mit Salz abschmecken.

PURÉE AUX ARTICHAUTS SUR BAGUETTE AVEC PÂTE D'OLIVE
ARTISCHOCKENMUS AUF BAGUETTE MIT OLIVENPASTE

Artischocken sind fast das Wahrzeichen der Bretagne und Normandie.
Sie gelangten im 16. Jahrhundert durch Katharina von Medici nach Frankreich.

DAUER: 10 Minuten

180 g Artischockenherzen
in Öl, abgetropft
250 g Kichererbsen,
abgetropft
150 g Basilikumblätter
1 TL Salz
Pfeffer

1 Baguette (siehe Rezept S. 14)
1 Portion Olivenpaste (siehe
Rezept S. 24)

1. Artischockenherzen, Kichererbsen, Basilikum, Salz und Pfeffer in ein hohes
Gefäß füllen und mit dem Stabmixer pürieren. Bis zum Servieren kalt stellen.
2. Frisch gebackenes Baguette und Olivenpaste dazu reichen.

ARTICHAUTS AVEC DEUX TREMPETTES
ARTISCHOCKEN MIT ZWEIERLEI DIP

*Die Artischocken aus der Bretagne und Normandie sind große,
fleischige Früchte und haben grüne, rundliche, gekerbelte Blätter.*

DAUER: 50 Minuten

2 große oder 4 kleine
Artischocken
1 EL Zitronensaft
1 EL Salz
ca. 2 l Wasser

1 Portion Aioli (siehe
Rezept S. 20)
1 Portion Olivenpaste
(siehe Rezept S. 24)

1. Artischocken mit kaltem Wasser abspülen. Stiele herausbrechen, dadurch werden die harten Stützfasern herausgezogen.

2. Wasser in einem großen Topf aufkochen, Zitronensaft und Salz hinzugeben. Die Artischocken mit dem Stielansatz nach unten in den Topf (möglicherweise sind 2 Töpfe notwendig) geben. Bei mittlerer Hitze 30-50 Minuten (je nach Größe) garen. Die Artischocken sind essfertig, wenn sich ein Blatt leicht herausziehen lässt.

3. Aus dem Wasser nehmen und etwas auskühlen lassen.

4. In der Zwischenzeit das Aioli und die Olivenpaste nach Rezept zubereiten und mit den Artischocken servieren. Gegessen wird die Artischocke, indem man einfach die Blätter vorsichtig herauszieht, in den Dip taucht und das untere Drittel des Blattes durch die Zähne zieht. Das Heu (winzige Blättchen) vom Artischockenboden entfernen und das „Herz" der Artischocke mit Aioli essen.

TERRINE AUX «HERBES DE PROVENCE», AMANDES ET SALADE DE BETTERAVES ROUGES
TERRINE MIT „HERBES DE PROVENCE", MANDELN UND ROTE-BETE-SALAT

„Herbes de Provence" nennt man eine Mischung aus Basilikum, Thymian, Fenchel,
Bohnenkraut und Lavendelblüten – eine fertig getrocknete Kräutermischung.

DAUER: 40 Minuten
+ 6 Stunden Kühlzeit

kleine Kastenform (15 x 8 cm)

Für die Terrine:
400 g Sojajoghurt (abgeronnen 250 g)
150 g Sojasahne
1 EL Sahnesteif
1 Pckg. Agartine
1 EL Zitronensaft
60 g Kastanien (Maroni),
gekocht und geschält
120 g Trauben, wenn möglich
klein und kernlos
30 g Mandelstifte
1 EL Ahornsirup
2 ½ TL Herbes de Provence
Salz, Pfeffer

Für den Salat:
400 g Rote Bete
4 EL Rotweinessig
6 EL Olivenöl
1 TL Kümmel
1 Prise Zucker
1 Prise Muskatnuss,
gemahlen
Salz, Pfeffer

1. Joghurt über Nacht in einem Tuch über einem Sieb abrinnen lassen.

2. Ahornsirup in einem Topf erwärmen, Mandelstifte dazugeben und unter Rühren karamellisieren. Auf ein vorbereitetes Backpapier geben und mit einer Gabel etwas auseinanderziehen. Auskühlen lassen.

3. Maroni in 2 mm dicke Scheiben schneiden. Trauben waschen und abzupfen. Rosmarinnadeln fein hacken, Salbei fein schneiden, Thymianblättchen abzupfen.

4. Agartine in einem Topf mit 50 ml Wasser auflösen und 2 Minuten köcheln lassen. 2 EL von der Joghurtmasse unterrühren, dann dieses Gemisch zum restlichen Joghurt geben. Alles gut verrühren, Kräuter untermengen, Trauben, Kastanien und Mandeln locker unterheben.

5. Zuletzt die Sahne mit Sahnesteif aufschlagen und vorsichtig einrühren. Mit Salz, Pfeffer und Zitronensaft abschmecken.

6. Eine kleine Kastenform (15 x 8 cm) mit Klarsichtfolie auslegen und die Masse einfüllen. Mit Folie abdecken und für mindestens 6 Stunden in den Kühlschrank stellen.

7. Rote Bete waschen und in einem Topf mit Wasser bedeckt aufkochen lassen, Temperatur zurückschalten und 40-50 Minuten köcheln lassen. Mit einer Gabel die Rote Bete anstechen, wenn sie weich ist, das Wasser abschütten und kalt abschrecken. Schälen, in Scheiben schneiden und mit Muskat, Kümmel, Salz, Pfeffer, Zucker, Essig und Öl würzen.

8. Die Terrine vorsichtig stürzen, in Scheiben schneiden und mit dem Rote-Bete-Salat anrichten.

TIPP: Anstelle der Herbes de Provence kann man auch 4 kleine Zweige Thymian (oder 1 TL getrocknet), 1 EL Rosmarinnadeln (oder 1 TL getrocknet) und 3 Salbeiblätter (oder ½ TL getrocknet) verwenden.

TERRINE DE LÉGUMES SUR OIGNONS DE PRINTEMPS MARINÉS
GEMÜSETERRINE AUF MARINIERTEN FRÜHLINGSZWIEBELN

*Ursprünglich bedeutete „Terrine" ein irdenes Gefäß, in dem Pasteten zubereitet wurden.
Terrinen sind aber auch Gerichte, die ohne Teigmantel gegart oder, wie hier, geeist werden.*

DAUER: 30 Minuten
+ 8 Stunden Kühlzeit

Terrinenform (15 x 8 cm)

Für die Terrine:
200 ml Gemüsefond (siehe
Rezept S. 22)
100 g Brokkoli
130 g Blumenkohl
50 g Zucchini
3 kleine Karotten
1 Frühlingszwiebel
3 Knoblauchzehen
1 EL Olivenöl
Salz, Pfeffer
1 Pckg. Agartine

Für die marinierten
Zwiebeln:
4 Frühlingszwiebeln
Saft ½ Zitrone
2 EL Olivenöl
Salz, Pfeffer

1. Den Gemüsefond zubereiten.

2. Knoblauchzehen schälen und hacken. Restliches Gemüse waschen, putzen und zerkleinern. Olivenöl in einer Bratpfanne erhitzen, Gemüse darin glasig anbraten. Mit 100 ml Wasser aufgießen und 10 Minuten garen. Mit Salz und Pfeffer abschmecken. Fond mit Agartine verrühren, aufkochen und 2 Minuten unter ständigem Rühren kochen lassen. Vom Herd nehmen, etwas abkühlen lassen und gegartes Gemüse einrühren.

3. Eine Terrinenform (15x8 cm) mit Klarsichtfolie auslegen und mit Gemüse und Fond befüllen. Mit Folie bedecken und zum Festwerden mindestens 8 Stunden in den Kühlschrank stellen.

4. Frühlingszwiebeln in Ringe schneiden und mit Zitronensaft, Olivenöl, Salz und Pfeffer marinieren. Terrine in Scheiben schneiden und mit marinierten Frühlingszwiebeln anrichten.

SALADE DE POIRE ET FENOUIL AUX NOIX ET RAISINS CARAMÉLISÉS
BIRNEN-FENCHEL-SALAT MIT KARAMELLISIERTEN NÜSSEN UND TRAUBEN

Walnüsse bestechen durch ihren Geschmack und Nährwert.
Ihr Fett besteht zu über 40 Prozent aus mehrfach ungesättigten Fettsäuren.

DAUER: 20 Minuten

1 Birne
1 Fenchel
1 Orange
8 Kapern
100 g Vollrohrzucker
24 Trauben
16 Walnusshälften
150 ml Orangensaft, frisch gepresst
2 EL Öl
Salz
Pfeffer
4 Thymianzweige (optional Pfefferminze)

1. Birne und Fenchel waschen und längs in Scheiben teilen, dabei Kerngehäuse entfernen.

2. Orange schälen und in Scheiben schneiden.

3. Orangensaft mit Öl, Salz und Pfeffer verquicken.

4. Das vorbereitete Obst und Gemüse mit den Kapern in eine Schüssel geben und mit der Orangensaftmarinade übergießen. Etwas durchziehen lassen.

5. Vollrohrzucker in einer Pfanne unter Rühren schmelzen und hell karamellisieren lassen (Vorsicht: dunkles Karamell schmeckt bitter!).

6. Die Trauben und Walnüsse darin schwenken und auf einem Stück Backpapier abkühlen lassen.

7. Salat auf Tellern anrichten und mit den Trauben und Nüssen garnieren. Mit Thymian oder auch Pfefferminze dekorieren.

SOUPE AUX POIREAUX
LAUCHCREMESUPPE

Man unterscheidet zwischen dem hellgrünen, zarten und milden Sommerlauch und dem dunkelgrünen, etwas derberen Winterlauch, der ab September angeboten wird.

DAUER: 45 Minuten

300 g Lauch
1 mittlere Zwiebel
1 EL Mehl
1 EL hochwertige Margarine
2 Knoblauchzehen
1 l Wasser
Salz, Pfeffer
etwas Pflanzensahne
(optional)

1. Den Lauch waschen, putzen und in ca. 2 mm dicke Ringe schneiden. Zwiebel schälen und in Ringe schneiden. Knoblauch schälen und fein hacken.
2. In einem großen Topf Margarine schmelzen und das Mehl darin hellbraun anschwitzen lassen. Mit Wasser ablöschen und mit einem Schneebesen gut durchrühren. Lauch, Zwiebel und Knoblauch dazugeben, aufkochen lassen, die Hitze reduzieren und zugedeckt bei kleiner Hitze ca. 30 Minute köcheln lassen.
3. Mit dem Stabmixer die Suppe fein pürieren. Nach Geschmack mit Salz und Pfeffer würzen und nach Belieben mit etwas Pflanzensahne verfeinern. Vor dem Servieren die Suppe nochmals mit dem Stabmixer schaumig schlagen.

TIPP: Beim Waschen den Lauch auseinander biegen, da sich zwischen den Blättern gerne etwas Sand und Erde verbirgt.

SALADES AMÈRES AVEC UNE VINAIGRETTE
AUX POMMES ET AU GENIÈVRE
BITTERSALATE MIT APFEL-WACHOLDER-VINAIGRETTE

DAUER: 15 Minuten
+ 15 Minuten Ruhezeit

1 Apfel
2 TL Zucker
125 ml Apfelsaft
3 cl Apfelessig
1 kl. Rosmarinzweig
10 Wacholderbeeren
2 Chicorée
1 Radicchio
½ Endiviensalat
3 EL Olivenöl
Salz
Pfeffer

1. Apfel teilen und in dünne Spalten schneiden. Apfelspalten in einem Glas mit Schraubverschluss schichten.

2. Zucker in einem kleinen Topf schmelzen, leicht bräunen (rühren!) und mit Apfelsaft und Essig aufgießen. Aufkochen und ca. 5 Minuten leicht köcheln lassen. Die Apfelspalten damit übergießen, Rosmarinzweig und Wacholderbeeren dazugeben und verschließen. 1 Tag durchziehen lassen.

3. Chicorée, Radicchio und Endiviensalat waschen und in mundgerechte Stücke teilen.

4. Salate auf Tellern anrichten. Apfelspalten darauf verteilen. Rosmarinzweig und Wacholder entfernen.

5. Vinaigrette aus Apfelessig und Öl zubereiten, mit Salat und Pfeffer würzen.

6. Die Vinaigrette gleichmäßig über die Salate träufeln.

SORBET TOMATE AU BASILIC
TOMATENSORBET MIT BASILIKUM

Die Tomate war lange Zeit als „Liebesapfel" bekannt, erst im 19. Jahrhundert wurde sie „Tomate" genannt, abgeleitet von dem aztekischen Wort „Xitomatl". Schon 200 v. Chr. kultivierten die Mayas die rote Frucht.

DAUER: 5 Minuten
+ 5 Minuten Kühlzeit

500 ml Tomatenpassata, natur
1 EL Tomatenmark
1 EL Zitronensaft
1 Prise Zucker
Salz (nach Geschmack)
Pfeffer
Basilikumblätter für
Dekoration

1. Tomatenpassata mit Tomatenmark, Zitronensaft, 1 Prise Zucker und Pfeffer verrühren.

2. Das Püree in einen gefrierfesten Behälter geben und in das Gefrierfach stellen.

3. Nach 4 Stunden mit einer Gabel durchlockern, dies halbstündlich bis zum Servieren wiederholen.

4. Sorbet am besten mit einem Eisportionierer in Gläsern anrichten und mit Basilikumblättchen dekorieren. Sofort servieren.

PLATS PRINCIPAUX
HAUPTSPEISEN

TARTE AUX TOMATES ET CRÈME DE CAJOU
TOMATEN-CASHEWCREME-TARTE

DAUER: 1,5 Stunden

Für den Boden:
275 g Weizenmehl
160 g hochwertige Margarine,
eiskalt
1 Prise Salz
3-4 EL Weißwein (eiskalt)

Für die Füllung:
200 g Cashews, über Nacht
in Wasser eingeweicht
2 EL Hefeflocken
1 EL Maisstärke
1 EL Zitronensaft
4 EL Pflanzensahne
etwas Fleur de Sel (oder
Meersalz)
Pfeffer
3 Knoblauchzehen
1 Handvoll Basilikumblätter
4 EL Majoranblätter
ca. 800 g Tomaten, gemischt
2 EL Olivenöl
Salz, Pfeffer
etwas Pflanzensahne zum
Bestreichen
ein paar Kräuterzweige
für die Dekoration

1. Für den Teig Mehl in eine Schüssel sieben, salzen und die eiskalte Butter hineinschneiden. Mit dem Wein rasch zu einem glatten Teig verkneten (eventuell noch etwas mehr Wein beimengen). In Klarsichtfolie wickeln und ca. 40 Minuten im Kühlschrank ruhen lassen.

2. In der Zwischenzeit die Cashews mit dem Stabmixer fein pürieren. Mit Zitronensaft, Pflanzensahne, Maisstärke, Hefeflocken, gehacktem Knoblauch, Fleur de Sel und Pfeffer verrühren.

3. Backofen auf 200° C Ober-/Unterhitze vorheizen. Ein Backblech mit Backpapier auslegen. Teig auf einem bemehlten Backbrett 3 mm dick ausrollen und zu einem Rechteck von 25x40 cm formen. Mit einer Gabel mehrmals gleichmäßig anstechen, dabei rundum einen Rand von ca. 2 cm freilassen. Nochmals 20 Minuten kalt stellen.

4. Cashewcreme auf die Teigplatte streichen, dabei den Rand freilassen. Tomaten waschen und in Scheiben schneiden. Kräuter hacken. Tomaten dicht auf der Creme verteilen, salzen und pfeffern. Den Rand einschlagen und mit der Pflanzensahne bestreichen.

5. Auf mittlerer Schiebeleiste 20 Minuten backen. Dann die Kräuter darüber streuen und noch 20-25 Minuten fertig backen. Kräuterzweige zur Dekoration darauf geben und servieren.

PISSALADIÈRE
PROVENZALISCHE PIZZA

Die Pissaladière ist die „provenzalische Schwester" der italienischen Pizza.

DAUER: 2,5 Stunden

Für den Boden:
500 g Weizenmehl
1 ½ Pckg. Trockenhefe
1 TL Salz
1 Prise Zucker
2 EL Olivenöl
ca. 250 ml lauwarmes Wasser

Für den Belag:
1,5 kg Zwiebeln
4 EL Olivenöl
2 EL hochwertige Margarine
2 Lorbeerblätter
1 TL Thymian, getrocknet
1 TL Bohnenkraut, getrocknet
Salz, Pfeffer

2 Korinthen
25 schwarze Oliven ohne Kern
1 EL Olivenöl
Pfeffer

1. Mehl mit Trockenhefe, Salz und Zucker in eine Schüssel sieben. 1 EL Öl zum Wasser geben und mit der Mehlmischung zu einem glatten, elastischen Teig verkneten. Gut kneten, bis die Oberfläche seidig glänzt. Teigkugel mit restlichem Olivenöl (1 EL) einreiben, in die Schüssel legen und mit einem feuchten Tuch bedecken. An einem warmen Ort 1-1 ½ Stunden gehen lassen, bis der Teig sein Volumen verdoppelt hat. Ihn dann wieder gut kneten und nochmals 30 Minuten zugedeckt ruhen lassen.

2. In der Zwischenzeit für das Zwiebel-Confit die Zwiebeln schälen und in ca. 0,4 cm dicke Ringe schneiden. Backofen auf 175° C Ober-/Unterhitze vorheizen.

3. Margarine in einer mittelgroßen, flachen Auflaufform schmelzen lassen. Die Hälfte der Zwiebelringe hineingeben, Lorbeerblätter zerbröseln und mit der Hälfte des Thymians und Bohnenkrauts bestreuen. Mit Pfeffer und Salz würzen, 2 EL Olivenöl darüber träufeln und die zweite Hälfte der Zwiebelringe einschichten. Die Zwiebellage sollte 3 cm hoch sein, sonst eine kleinere Auflaufform wählen. Restliche Kräuter und Olivenöl darüber verteilen und in den Backofen schieben (mittlere Schiebeleiste). Zwiebeln 60-80 Minuten garen, dabei die Zwiebelringe alle 10 Minuten wenden. Das Confit ist fertig, wenn die Zwiebeln goldbraun und miteinander verschmolzen sind.

4. Den Backofen auf 250° C Ober-/Unterhitze vorheizen und ein Backblech in das obere Drittel einschieben.

5. Den Teig auf einem bemehlten Backbrett nochmals gut kneten und rechteckig ausrollen. Backpapier vorbereiten und den Teig darauf legen. Rundum einen Rand (etwas höher) drücken. Zwiebel-Confit auf dem Teig verteilen, mit Oliven und Korinthen bestreuen. Backpapier mit der Pissaladière auf das heiße Blech ziehen und 12-15 Minuten backen. Aus dem Ofen nehmen, mit 1 EL Olivenöl beträufeln und mit frisch gemahlenem Pfeffer würzen.

TARTE AUX PRUNES CARAMÉLISÉES ET PESTO PROVENÇAL
TARTE MIT KARAMELLISIERTEN ZWETSCHKEN UND PROVENZALISCHEM PESTO

Die Zwetschke ist violettblau mit eher spitz zulaufenden Enden,
während man die rundlichen Pflaumen in violett, rot, gelb und grün genießen kann.

DAUER: 1 Stunde

2 Tarteformen (18 cm Durchmesser)

Für den Boden:
2 Pckg. veganer Dinkel-
blätterteig

Für die Füllung:
300 g Zwetschken
1 Zwiebel
1 EL Olivenöl
1 EL Rohrzucker
1 EL Rotweinessig
100 ml Rotwein
Salz, Pfeffer
2 Knoblauchzehen
500 g Sojajoghurt (300 g
abgeronnen)
150 g veganer Reibekäse
2 EL Stärkemehl
Salz, Pfeffer
3-4 Thymianzweige
2 EL Paniermehl

Provenzalisches Pesto
(siehe Rezept S. 26)

1. Sojajoghurt am Vorabend in ein Baumwolltuch oder einen Kaffeefilter geben und über Nacht abrinnen lassen.

2. Pesto nach Rezept zubereiten und kalt stellen.

3. Zwetschken waschen, 8 Stück zur Seite legen. Restliche Früchte entsteinen und grob würfeln. Die Zwiebel schälen und in feine Ringe schneiden. Olivenöl erhitzen, Zucker einstreuen und karamellisieren. Zwetschkenstücke und Zwiebelringe dazugeben und gut verrühren. Mit Essig und Wein ablösen, aufkochen, Hitze zurückschalten und alles 20 Minuten köcheln lassen. Mit Salz, Pfeffer und gehacktem Knoblauch würzen. Das Confit auskühlen lassen. Den über Nacht abgeronnenen Sojajoghurt mit dem Reibekäse und dem Stärkemehl gut vermengen, salzen und pfeffern.

4. 2 Tarteformen (18 cm Durchmesser) mit Blätterteig auskleiden. Dazu jeweils die Form auf den ausgebreiteten Teig legen und den Teig etwas größer ausschneiden. Den Teig in die Form (auch in den Rand) drücken, dabei überstehenden Teig wegschneiden. Den Boden mit einer Gabel mehrmals einstechen. Jeweils mit 1 EL Paniermehl bestreuen und die Hälfte der Joghurtmasse darauf streichen. Das Zwetschken-Confit darauf verteilen und mit Thymian bestreuen. Die zur Seite gelegten Zwetschken mit heißem Wasser überbrühen, häuten, entkernen und ebenfalls auf die Tartes legen.

5. Im vorgeheizten Backofen bei 200° C Ober-/Unterhitze auf mittlerer Schiebeleiste ca. 15-20 Minuten goldgelb backen. Beide Tartes halbieren und mit provenzalischem Pesto servieren.

TARTE À LA CHOUCROUTE
TARTE MIT SAUERKRAUT

Abgesehen von den naturheilkundlichen Vorzügen des Sauerkrauts kann man köstliche Speisen damit zaubern.

DAUER: 2 Stunden

Tarteform
(24 cm Durchmesser)

Für die Füllung:
500 g Sauerkraut
10 Wacholderbeeren
1 TL Kümmel, ganz
3 Lorbeerblätter
1 Zwiebel
4 Knoblauchzehen
2 EL Öl
1 EL Mehl
Salz, Pfeffer
450 g weiße Bohnen (Dose)
1 großer Apfel, säuerlich
250 g festkochende Kartoffeln
1 EL Bohnenkraut, frisch
(oder 1 TL getrocknet)

Für den Boden:
1 Pckg. veganer Blätterteig

getrocknete Bohnen oder
Reis zum Blindbacken
etwas Olivenöl zum
Beträufeln

1. In einem großen Topf Sauerkraut, Wacholderbeeren, Kümmel und Lorbeerblätter mit Wasser bedeckt zum Kochen bringen. Hitze zurückschalten und 20 Minuten köcheln lassen, eventuell Wasser nachgießen. Das Kraut darf nicht anbrennen.

2. Zwiebel und Knoblauch schälen und in feine Scheiben schneiden. Öl in einer Bratpfanne erhitzen, Zwiebel und Knoblauch darin glasig anbraten, mit Mehl bestäuben und unter Rühren alles hellbraun rösten. Das Sauerkraut dazugeben, gut durchrühren und nochmals etwas Wasser angießen. Kartoffeln und den Apfel waschen, grob würfeln und zum Sauerkraut geben. Etwas Wasser dazugießen, umrühren und alles 10-15 Minuten köcheln lassen. Die Bohnen mit dem Bohnenkraut untermengen. Mit Salz und Pfeffer würzen.

3. Eine große Tarteform (24 cm Durchmesser) mit Blätterteig auskleiden, den Teig gut festdrücken. Backpapier darauf legen und mit getrockneten Bohnen oder Reis ca. 1 cm hoch beschweren. Im vorgeheizten Backofen bei 180° C Ober-/Unterhitze ca. 15 Minuten backen. Hülsenfrüchte oder Reis entfernen (können wieder verwendet werden) und die Tarte 10 Minuten weiter backen, bis der Teig gerade knusprig wird.

4. Aus dem Ofen nehmen und mit der Sauerkraut-Bohnen-Mischung befüllen. Im Ofen nochmals 15 Minuten backen, dann weitere 5 Minuten bei Grillfunktion bräunen. Mit Olivenöl beträufeln, etwas abkühlen lassen und in Vierteln geschnitten servieren.

OMELETTE AUX ÉPINARDS, POIS CHICHES ET NOISETTES
OMELETTE MIT SPINAT, KICHERERBSEN UND HASELNÜSSEN

Haselnüsse werden vor allem in Savoyen und im Südwesten von Frankreich angebaut.

DAUER: 40 Minuten

300 g Spinat
2 Schalotten
4 Knoblauchzehen
400 g Kichererbsen (Dose)
200 g Tomaten
80 g Haselnüsse
2 EL Paniermehl
2 EL Mehl
6 EL Olivenöl
2 EL Basilikum, getrocknet
4 kl. Cocktailtomaten
Salz, Pfeffer

1. Kichererbsen aus der Dose in ein Sieb schütten, abbrausen und abtropfen lassen.

2. Haselnüsse grob hacken, Schalotten und Knoblauch schälen und würfelig schneiden. 1 EL Olivenöl in einer Bratpfanne erhitzen, Schalotten und Knoblauch darin goldgelb anbraten. Tomatenwürfel und Spinat dazugeben und 5 Minuten mitbraten lassen.

3. Kichererbsen und Haselnüsse mit 1 EL Olivenöl in ein hohes Mixgefäß geben und mit dem Stabmixer pürieren. Mit dem gebratenen Gemüse in einer Schüssel vermengen, Mehl und Brösel untermischen. Zuletzt alles kräftig mit Salz, Pfeffer und Basilikum abschmecken.

4. In einer beschichteten Bratpfanne 1 EL Olivenöl erhitzen und die Hälfte der Masse einfüllen. Glatt streichen, Hitze herunterschalten und langsam braten lassen. Wenn das Omelette an der Unterseite gebräunt und kross ist, auf einen Teller gleiten lassen, nochmals 1 EL Öl in die Pfanne geben, 2 in Scheiben geschnittene Cocktailtomaten darin verteilen und das Omelette mit der gebratenen Seite nach oben wieder in die Pfanne gleiten lassen. Fertig braten und im Backofen warm halten. Mit der anderen Hälfte der Teigmasse ebenso verfahren. Jedes Omelette halbieren und servieren.

TARTELETTES AUX CHAMPIGNONS ET RAISINS
TARTELETTES MIT CHAMPIGNONS UND WEINTRAUBEN

DAUER: 30 Minuten
8 Tartelettes (8 cm)

Für den Boden:
1 Pckg. Dinkelblätterteig

Für die Füllung:
8 TL Dijon-Senf (oder Senf
à l'Ancienne)
8 EL veganer Reibekäse
8-12 Champignons
150 g Trauben
4 Rosmarinzweige
etwas Fleur de Sel
Pfeffer
etwas Olivenöl zum
Beträufeln

1. Backofen auf 200° C Ober-/Unterhitze vorheizen.

2. Teig ausrollen, Tartelette-Formen darauf legen und den Teig ausstechen. Vorsichtig in die Formen drücken und mehrmals mit der Gabel einstechen.

3. Senf darauf verteilen, mit Champignons und Trauben belegen und mit Reibekäse bestreuen. Mit Fleur de Sel und Pfeffer würzen und mit etwas Olivenöl beträufeln.

4. Auf das Ofengitter stellen und ca. 20 Minuten backen (nach 10 Minuten die halbierten Rosmarinzweige darauf verteilen).

TIPP: Frische Champignons haben fest geschlossene Köpfe, geöffnete Lamellen weisen auf eine längere Lagerungszeit hin.

ASPERGES AU FOUR SUR MIROIR AUX HERBES AVEC POMMES DUCHESSE
GEBACKENER SPARGEL AUF KRÄUTERSPIEGEL MIT HERZOGINKARTOFFELN

Spargel liefert Folsäure, Magnesium, B-Vitamine, Vitamin E, Ballaststoffe und viele bioaktive Pflanzenstoffe.

DAUER: 45 Minuten

Für den gebackenen Spargel:
16 Spargelstangen
½ Zitrone (Saft)
1 TL Salz
1 Prise Zucker
2 Handvoll Spinatblätter
4 Knoblauchzehen
1 Pckg. Strudelteig
50 g Margarine, zerlassen

Für die Pommes Duchesse:
500 g Kartoffeln
50 g Margarine, zerlassen
2 EL Mehl
1 TL Salz

Für die Sauce:
250 g Wurzelgemüse (Karotten, Petersilie- und Selleriewurzel)
50 g Lauch
3 Frühlingszwiebeln
100 ml Tomatenpassata, natur
1 EL Olivenöl
250 ml Wasser (optional Weißwein)
Salz
Pfeffer
1 EL Kräuter, getrocknet (Oregano, Thymian, Rosmarin)

1. In einem hohen Topf Wasser mit Zitronensaft, Salz und Zucker aufkochen, den geschälten Spargel darin bissfest kochen. Spargel kalt abbrausen und zum Trocknen auf Küchenkrepp legen.

2. Knoblauch schälen, pressen und leicht salzen. Spinatblätter waschen und trocknen.

3. Strudelteig in 15 x 15 cm große Quadrate schneiden und zurechtlegen. Spargel mit Spinatblättern und Knoblauchpaste umwickeln und auf die Teigquadrate legen. Dabei sollten die Spargelspitzen unbedeckt bleiben. Spargel einwickeln.

4. Kartoffeln in Salzwasser weich kochen, pellen und pressen. Auskühlen lassen.

5. Kartoffelpüree mit zerlassener Margarine, Mehl und Salz zu einem Teig verkneten. Mit einem Spritzsack (große Tülle) zu Rosetten auf ein mit Backpapier ausgelegtes Backblech spritzen.

6. Spargel ebenfalls auf ein vorbereitetes Blech legen (eventuell genügt ein Blech).

7. Backofen auf 170 °C vorheizen und beide Bleche einschieben. Die Pommes Duchesse sollten gebräunte Spitzen haben, der gebackene Spargel eine goldbraune Farbe.

8. Für die Sauce Wurzelgemüse, Lauch und Zwiebeln sehr klein schneiden und in Olivenöl hellbraun anbraten. Mit Wasser (Wein) aufgießen und ca. 10 Minuten dünsten. Tomatenpassata und getrocknete Kräuter dazugeben und weitere 5 Minuten köcheln lassen. Die Sauce passieren und mit Salz und Pfeffer würzen.

PATÉ AUX HARICOTS ET CHAMPIGNONS
PATÉ MIT BOHNEN UND CHAMPIGNONS

Pasteten sind fein gewürzte Gerichte aus einer Farce, die in einer Teighülle gebacken werden.
Die Farce (französisch für „Füllung") ist eine Masse aus fein gehackten Zutaten, die kräftig gewürzt und
mit Rahm oder Bechamel gebunden wird. Pasteten können aber auch mit Ragout gefüllt werden.
Zur Herstellung von Pasteten wird ein spezieller, ungesüßter Mürbeteig oder auch Blätterteig verwendet.
Mit dem Teig wird eine feuerfeste Form dünn ausgekleidet und mit Pastetenfarce gefüllt. Die Form wird
anschließend mit einem Teigdeckel fest verschlossen, in den ein oder mehrere Löcher gestochen werden,
um den entstehenden Dampf abzulassen.

DAUER: 1,5 Stunden + Ruhezeit

Tortenform (18 cm Durchmesser)

Für den Mürbeteig:
250 g Weizen- oder Dinkelmehl
½ TL Salz
150 g hochwertige Margarine, kalt
4 EL Eiswasser
oder 1 Pckg. veganer Mürbeteig (300 g)

Für die Füllung:
1 Dose rote Bohnen (255 g Abtropfgewicht)
150 g Champignons
1 Zwiebel
2 EL Petersilie, gehackt
1 TL Salz
Pfeffer
4 EL Weißwein
150 ml Hafersahne
3 EL Mais- oder Pfeilwurzelstärke
etwas Öl + Mehl für die Form
etwas Sojasahne zum Bestreichen

1. Für den Teig Mehl und Salz in eine Schüssel sieben. Mit einem Messer die kalte Margarine in das Mehl schneiden und mit den Fingern solange bearbeiten, bis die Masse krümelig ist. Eiswasser mit einer Gabel einarbeiten, dann den Teig rasch durchkneten. Teig zu einer Kugel formen, in Klarsichtfolie wickeln und 1 Stunde kalt stellen.

2. In der Zwischenzeit die Bohnen abgießen. Champignons putzen und in Scheiben schneiden. Zwiebel schälen und hacken. Pflanzenstärke mit Wein gut verrühren. Hafersahne aufkochen und die Wein-Stärke-Mischung einrühren. 2 Minuten unter ständigem Rühren kochen lassen.

3. Teig auf einer bemehlten Arbeitsfläche ausrollen. Tortenform daraufstellen, Teig im Durchmesser ausschneiden und in die geölte und bemehlte Tortenform legen. Restlichen Teig zusammenkneten, ausrollen, nochmals einen Teigkreis im Durchmesser von 18 cm ausschneiden und beiseite legen. Aus dem restlichen Teig die Seitenteile herstellen und in die Form geben (gut mit dem Boden verbinden).

4. Behutsam die Bohnenmischung einfüllen und mit der Teigscheibe bedecken (wieder mit dem Rand verbinden). Aus den Teigresten Blätter und Kugeln für die Deko formen. In der Mitte einen kleinen Kreis ausstechen und eine Art „Kamin" hineinstecken (dafür eignet sich z. B. eine Tülle aus Metall). So kann beim Backen die Feuchtigkeit aus dem Inneren verdunsten und abziehen. Mit etwas Sojasahne bestreichen. 45-50 Minuten auf mittlerer Schiebeleiste backen, bis der Deckel schön gebräunt ist.

RAGOÛT DE LENTILLES ET CITROUILLE
LINSEN-KÜRBIS-EINTOPF

Linsen stammen ursprünglich aus dem Orient und zählen zu den ältesten Kulturpflanzen.

DAUER: 1 Stunde

500 g Kürbis (Hokkaido)
3 EL Olivenöl
250 g Schalotten
4 Knoblauchzehen
350 g Tomaten
1 Bund Petersilie
300 g braune Linsen,
getrocknet
6 EL Olivenöl
1 Prise Muskatnuss
1 TL Oregano, getrocknet
3 Lorbeerblätter
1 EL Rotweinessig
1 l Gemüsebrühe (aus 500 ml
Gemüsefond, siehe Rezept
S. 22)
200 g Pflanzen-Creme-
Fraîche
Salz, Pfeffer
Thymian- oder Oregano-
zweige

1. Kürbis waschen, halbieren und entkernen. Backofen auf 200° C Ober-/Unterhitze vorheizen. Kürbis in ca. 3-4 cm große Stücke schneiden. Ein Backblech mit Backpapier auslegen, Kürbisstücke darauf verteilen und mit 3 EL Olivenöl beträufeln. Auf mittlerer Schiene 20 Minuten braten, dabei die Würfel immer wieder wenden, bis sie weich sind. Aus dem Rohr nehmen.
2. Schalotten und Knoblauch schälen und in dünne Scheiben schneiden. In einem großen Topf das restliche Öl erhitzen, die Schalotten und den Knoblauch darin hellbraun anbraten, Tomaten kreuzweise einschneiden, mit heißem Wasser überbrühen, die Haut abziehen und grob würfeln. Die Tomatenwürfel zu den Schalotten geben und kurz mitbraten. Mit Gemüsebrühe aufgießen, Linsen, Lorbeerblätter, Oregano dazugeben und alles aufkochen lassen. Alles bei niedriger Hitze 40 Minuten köcheln lassen (die Linsen sollen weich sein). Lorbeerblätter entfernen.
3. Kürbisstücke zum Eintopf geben und ganz kurz mit dem Stabmixer pürieren. Mit gehackter Petersilie, Muskat, Essig, Salz und Pfeffer würzig abschmecken. Mit Creme Fraîche, Kürbisstücken und Kräutern anrichten.

CHAMPIGNONS DE PARIS PANÉS À LA SAUCE MOUTARDE
PANIERTE CHAMPIGNONS MIT SENFSAUCE

*Dijon im Burgund stellt beinahe die Hälfte des in Frankreich produzierten Senfs her.
Schwarze und braune gemahlene Senfkörner harmonieren mit dem Saft von reifen Trauben
und ergeben das typisch pikante, scharfe und doch milde Aroma.*

DAUER: 45 Minuten

Für die Champignons:
400 g Champignons
50 g Mehl
250 ml Sprudelwasser
2 EL Kichererbsenmehl
50 g Paniermehl
Salz
Öl zum Frittieren

Für die Senfsauce:
1 kleine Zwiebel
6 Gewürzgurken, süß-sauer
2 EL Dijonsenf
250 ml Pflanzensahne
1 EL Apfelessig
1 EL Olivenöl
Salz, Pfeffer

1. Champignons mit einer Bürste säubern und die Stiele putzen. Größere Champignons halbieren oder vierteln und salzen. 3 Teller vorbereiten, jeweils einen Teller mit Mehl, einen mit Sprudelwasser verquirlt mit Kichererbsenmehl, und den dritten Teller mit Paniermehl befüllen. Die Champignons zuerst in Mehl, dann im Kichererbsenmehl-Sprudelwasser-Gemisch und zuletzt im Paniermehl rundum wälzen.

2. In einer Bratpfanne das Öl erhitzen, Champignons einlegen, Hitze etwas zurückschalten und unter Wenden rundum goldgelb backen. Auf einem Küchenpapier entfetten.

3. Für die Senfsauce Zwiebel fein hacken, Gewürzgurken würfelig schneiden. Olivenöl in einem kleineren Saucentopf erhitzen und Zwiebelwürfel darin hell anschwitzen. Pflanzensahne mit Senf, Gewürzgurken und Essig verrühren, in die Pfanne zu den Zwiebelwürfeln geben und unterrühren. Ein paar Minuten köcheln lassen und mit Salz und Pfeffer abschmecken. Mit den gebackenen Champignons servieren.

BAGUETTE CUITE AU VIN BLANC
IN WEISSWEIN GEBACKENES BAGUETTE

Das erste Baguette in Paris soll ein Österreicher gebacken haben,
der nach dem Wiener Kongress nach Frankreich ausgewandert war.

DAUER: 40 Minuten

120 g Frühlingszwiebeln
180 g Lauch
250 g Brokkoli
3 Knoblauchzehen
2 EL Olivenöl
1 EL hochwertige Margarine
8 Salbeiblätter
2 EL Petersilie, gehackt
ca. 200 g Baguette (siehe
Rezept S. 14)
75 ml Weißwein
200 ml Gemüsefond
(siehe Rezept S. 22)
180 g veganer Reibekäse
Salz, Pfeffer
1 EL Margarine für die
Auflaufform

1. Frühlingszwiebeln und Lauch waschen, putzen und in Ringe schneiden. Brokkoli in Röschen teilen, waschen und in 1 EL Margarine bei niedriger Hitze 10 Minuten dünsten. Knoblauch schälen und hacken.

2. In einer Bratpfanne das Öl erhitzen, Knoblauch, Lauch und Frühlingszwiebeln darin anbraten. Hitze zurückschalten und das Gemüse dünsten, bis es bissfest ist. Brokkoli dazugeben, salzen und pfeffern. Salbei und Petersilie hacken und unterrühren. 1 EL gemischte Kräuter für die Garnitur aufheben.

3. Backofen auf 200° C Ober-/Unterhitze vorheizen. Eine Auflaufform mit Margarine einpinseln. Brot in ca. 2 cm dicke Scheiben schneiden und die Auflaufform füllen. Das Gemüse gleichmäßig darauf verteilen. Gemüsefond (muss nicht selbst zubereitet sein) und Wein aufkochen und über das Brot und Gemüse gießen. Mit veganem Reibekäse bestreuen und auf mittlerer Schiene ca. 25 Minuten goldbraun backen.

4. Mit den restlichen Kräutern bestreuen.

LENTILLE PROVENÇALE AU FROMAGE DE CAJOU
PROVENZALISCHES LINSENGEMÜSE MIT CASHEWKÄSE

Linsen werden nach ihrer Größe unterschieden, wobei die kleinsten oft als die geschmackvollsten gelten.
Die Lieblinge der schnellen Küche sind die roten Linsen, die schnell gar sind und wenig Natrium (Kochsalz)
enthalten, dafür jede Menge Kalium, Phosphor und Eisen.

DAUER: 30 Minuten

Für das Linsengemüse:
1 kg Linsen
8 Cocktailtomaten
1 kl. Zucchini
1 kl. Aubergine
6 kl. Champignons
4 Oliven
3 Knoblauchzehen
2 EL Olivenöl
1 TL Kräuter der Provence,
getrocknet (optional)
3 EL Olivenöl
4 EL Weißweinessig
1 EL Thymianblättchen,
frisch
Salz

Für den Cashewkäse:
100 g Cashews, über Nacht
eingeweicht
2 EL Hefeflocken
1 TL Zitronensaft
100 g weiße Bohnen (Dose)
Salz, Pfeffer
125 ml Wasser

1. Linsen waschen und nach Packungsanleitung kochen. Abseihen, mit einer Gabel durchrühren und auskühlen lassen.

2. Backblech mit Backpapier auslegen und Backofen auf 200 °C vorheizen.

3. Tomaten, Zucchinischeiben, Auberginenstücke und Champignons auf das Blech geben und mit 2 EL Olivenöl sparsam beträufeln. Leicht bräunen und anschließend abkühlen lassen.

4. Linsen mit dem gebratenen Gemüse vermengen, Oliven und gehackten Knoblauch dazugeben.

5. Aus Kräutern der Provence, Öl, Essig, Salz und Pfeffer eine Marinade anrühren und über das Linsengemüse verteilen. Ca. 3 Stunden durchziehen lassen.

6. Für den Cashewkäse die Cashews mit kaltem Wasser abspülen und abtropfen lassen.

7. Cashews, Hefeflocken, Zitronensaft, Bohnen, Salz, Pfeffer und 125 ml Wasser mit dem Stabmixer pürieren.

8. Püree in einem kleinen Topf unter Rühren bei mittlerer Temperatur zur gewünschten Konsistenz einkochen lassen. Abkühlen.

9. Linsengemüse mit Cashewkäse in kleine Gläser füllen oder auf Tellern anrichten und mit Thymian garnieren.

ARTICHAUTS FARCIS AU VIN ROUGE
GEFÜLLTE ARTISCHOCKEN IN ROTWEIN

Die Artischocken, die in der Normandie angebaut werden,
sind zarter als die aus der Bretagne, von violetter Farbe und mit spitz zusammenlaufenden Blättern.

DAUER: 1,5 Stunden

4 Artischocken
2 Knoblauchzehen
1 Paprika
1 Schalotte
1 EL Kapern
2 EL Basilikum
2 EL Paniermehl
250 ml Rotwein
10 Oliven, entsteint
2 kleine Birnen
1 Zitrone, unbehandelt
1 EL Zitronensaft
5 EL Olivenöl
Salz, Pfeffer

1. Die Stiele der Artischocken auf 3 cm abschneiden und mit einem Sparschäler rundum schälen. Artischocken halbieren, die äußeren, harten Blätter abbrechen und ebenfalls schälen. Heu und feine innere Blätter mit einem scharfen Löffel herausholen. 2 l Wasser mit Zitronensaft mischen und die vorbereiteten Artischocken darin einlegen.

2. Knoblauch und Schalotte schälen und fein würfeln. Paprika waschen, entkernen und würfeln. Basilikum waschen und mit den Kapern hacken. Mit 3 EL Olivenöl und dem Paniermehl vermengen. Salzen uns pfeffern.

3. Backofen auf 200° C Ober-/Unterhitze vorheizen. Artischocken mit der Gemüsemischung füllen, dabei die Füllung fest hineindrücken. Die Artischocken in eine ofenfeste Pfanne setzen, der Stiel sollte oben sein.

4. Zitrone abwaschen und in Spalten schneiden, Birnen halbieren und mit den Oliven zu den Artischocken geben. Artischocken mit 2 EL Olivenöl beträufeln. Rotwein dazugießen, die Pfanne mit Alufolie abdecken und auf mittlerer Schiebeleiste ca. 60 Minuten backen. Weitere 10 Minuten offen braten, damit die Artischocken eine schöne Farbe annehmen.

CHAMPIGNONS BOLET AUX NOIX ET VINAIGRETTE AUX CANNEBERGES
STEINPILZE MIT WALNÜSSEN UND PREISELBEER-VINAIGRETTE

Vinaigrette bezeichnet eine Sauce, die in ihren Grundzutaten aus Essig und Öl besteht.

DAUER: 1 Stunde

100 ml Apfelsaft
100 ml Apfelessig
1 EL Preiselbeerkonfitüre
1 TL Rohrzucker

4 Handvoll Feldsalat
12 Scheiben Baguette
(siehe Rezept S. 14)
300 g Steinpilze (oder andere
Pilze, z.B. braune Champignons)
50 g Walnüsse
4 EL Haselnussöl (oder
anderes Pflanzenöl)
4 EL Maiskeimöl
2 Knoblauchzehen
2 EL Olivenöl
3 Zweige Thymian
Salz, Pfeffer

1. Für die Vinaigrette Rohrzucker in einem Topf schmelzen lassen, Essig und Apfelsaft dazugeben, mit einem Schneebesen alles gut durchrühren, Temperatur verringern und 5 Minuten köcheln lassen. Konfitüre mit Essigmischung übergießen und 1 Stunde ziehen lassen. Mit Haselnuss- und Maiskeimöl verrühren, mit Salz und Pfeffer abschmecken und beiseite stellen.
2. Pilze vom Wurzelansatz befreien und sauber abbürsten. Der Länge nach in Scheiben schneiden.
3. Feldsalat waschen und trocken schütteln.
4. Knoblauchzehen schälen und blättrig schneiden.
5. In einer Bratpfanne das Olivenöl erhitzen und die Pilze beidseitig anbraten. Etwas salzen und pfeffern. Knoblauch mitbraten lassen. Thymianzweige abzupfen.
6. Salat mit der Vinaigrette anmachen und mit den gebratenen Pilzen, Walnüssen und dem Baguette anrichten. Thymianblättchen darüber streuen.

TIPP: Preiselbeeren lassen sich gut zu Marmelade verarbeiten. Sie punkten mit ihrem herben, feinsäuerlichen Geschmack.

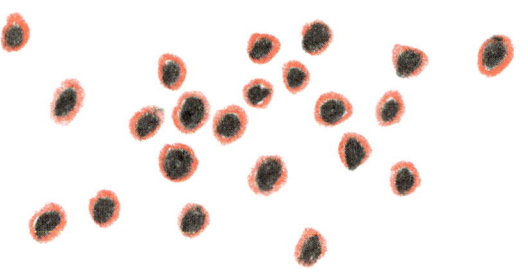

AUBERGINES GRATINÉES AU CITRON
GRATINIERTE AUBERGINEN MIT ZITRONE

DAUER: 40 Minuten

8 kleine Auberginen
200 g grobe Paniermehl
6 EL frische Petersilie,
gehackt
2 TL Thymian, getrocknet
2 EL frischer Basilikum,
gehackt
6 Knoblauchzehen
6 Kirschtomaten
1 Zitrone
Salz, Pfeffer
Olivenöl (nach Bedarf)

1. Backofen auf 220° C Ober-/Unterhitze vorheizen. Auberginen waschen, halbieren, vorsichtig mit einem Löffel das Fruchtfleisch so herausholen, dass ein 5 mm breiter Rand stehen bleibt. Fruchtfleisch beiseite stellen. Zitrone auspressen. Auberginenhälften mit dem Saft einstreichen.

2. Petersilie und Basilikum fein hacken. Knoblauchzehen schälen und hacken. Tomaten kreuzweise einschneiden, mit heißem Wasser überbrühen und Haut abziehen. Auberginenfleisch und Tomaten würfeln.

3. Alle Zutaten mit dem Paniermehl gut vermengen, mit Thymian, Salz und Pfeffer würzen und so viel Olivenöl unter die Masse kneten, dass die Masse zusammenhält.

4. Die Auberginenhälften damit befüllen, auf ein mit Backpapier ausgelegtes Backblech stellen und auf mittlerer Schiene 10-15 Minuten knusprig überbacken.

TIPP: Auf Fingerdruck soll die Aubergine nicht nachgeben, da das Fruchtfleisch sonst bereits „schwammig" ist.

GRATIN DE POMMES DE TERRE
KARTOFFELGRATIN

Dieses klassische Gericht kommt aus der historischen Provinz Dauphiné.

DAUER: 80 Minuten

1 kg Kartoffeln, fest kochend
6 EL hochwertige Margarine
250 ml Sojamilch
150 g veganer Reibekäse
¼ TL Muskat, gerieben
2 TL Salz
Pfeffer

1. Kartoffeln schälen und in 2 mm dünne Scheiben schneiden. Eine flache Auflaufform mit 2 EL Margarine ausstreichen. Die Hälfte der Kartoffelscheiben darin schichten. Mit 1 TL Salz, Pfeffer, der Hälfte des Käses und der Hälfte des Muskats bestreuen. 2 EL Margarine in Flöckchen darauf verteilen. Die 2. Hälfte der Kartoffelscheiben einlegen, mit Salz, Pfeffer, Käse und restlichem Muskat würzen. Die übrig geblieben Margarine darauf verteilen. Langsam die Sojamilch angießen, dabei die Form etwas hin und her schwenken.

2. Backofen auf 220° C Ober-/Unterhitze vorheizen. Auf mittlerer Schiebeleiste das Gratin ca. 45 Minuten backen. Die Milch sollte von den Kartoffeln aufgenommen worden sein und die oberste Schichte eine goldbraune Kruste gebildet haben. Sofort servieren.

TIPP: Niemals mehlig kochende Kartoffeln für das Gratin verwenden! Auch sollten die Scheiben so dünn wie möglich geschnitten werden.

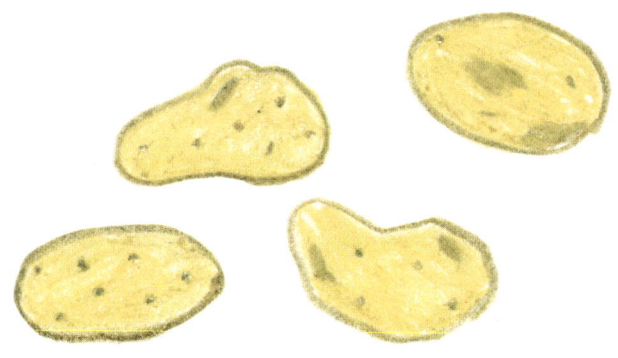

SOUFFLÉ DE CHOU-FLEUR EN CROÛTE FEUILLETÉE
BLUMENKOHLSOUFFLÉ IN BLÄTTERTEIGKRUSTE

Soufflé bedeutet wörtlich „Aufgeblasenes" und wird für leichte,"luftige" Aufläufe verwendet. Die deutsche Übersetzung Auflauf trifft es also nicht ganz, da diese meist etwas schwerer sind. Soufflés kommen sowohl als Vorspeisen, Hauptspeisen und Desserts zum Einsatz.

DAUER: 1 Stunde

200 g Seidentofu
50 g Pinienkerne
1 EL Apfelessig
3 Knoblauchzehen
600 g Blumenkohl
1 gr. Bund Petersilie
100 g Brötchen ohne Rinde
1 EL Maisstärke
2 EL grobes Paniermehl
3 EL Olivenöl
½ Pckg. Blätterteig
Salz, Pfeffer
Öl für die Form
getr. Bohnen zum
Blindbacken

1. Backofen auf 200 °C vorheizen.

2. Blumenkohl putzen, in Röschen teilen, waschen und in gesalzenem Wasser bissfest garen. Im Sieb gut abtropfen lassen und mit dem Stabmixer in einem hohen Gefäß pürieren.

3. Pinienkerne hacken, Knoblauchzehen schälen und schneiden. Seidentofu, Pinienkerne, Knoblauch und Petersilie zum Blumenkohlpüree geben. Brötchen zerkrümeln und mit 1 EL Olivenöl und der Maisstärke unter die Masse mengen. Mit Salz und Pfeffer kräftig würzen.

4. Eine Auflaufform mit Öl ausstreichen. Blätterteig bis zum Rand in die Form drücken, Backpapier darauf legen und mit getrockneten Bohnen auffüllen. 10 Minuten auf mittlerer Schiene vorbacken. Bohnen und Papier entfernen und das Blumenkohlpüree einfüllen. Grobes Paniermehl darüberstreuen und mit etwas Olivenöl beträufeln. Ca. 45 Minuten backen.

TIPP: Man kann das Püree auch ohne Blätterteig in 4 kleinen Auflaufformen backen. Die Backzeit verringert sich dann. Es sollte innen weich und an der Oberfläche gebräunt sein.

FEUILLES DE SPINACHE REMPLIES
AVEC DES BOULES DE POMMES DE TERRE ET D'AMANDES
GEFÜLLTE SPINATBLÄTTER
MIT KARTOFFEL-MANDEL-BÄLLCHEN

Beim Spinat unterscheidet man zwischen dem Sommer- und Herbstspinat mit seinen zarten Blättern und dem Winterspinat, der sehr robuste, aber aromatische Blätter hat und im März geerntet wird.

DAUER: 1 Stunde

Für die gefüllten Spinat-
blätter:
500 g große Spinatblätter
350 g Champignons
2 Schalotten
3 Knoblauchzehen
2 EL Sonnenblumenöl
50 g Pinienkerne
50 g Weißbrot, entrindet
150 ml Pflanzensahne
1 TL Maisstärke
1 Messerspitze Muskat
Salz, Pfeffer

Für die Kartoffel-Mandel-
Bällchen:
500 g mehlig kochende
Kartoffeln
50 g Margarine
2 EL Pflanzendrink
1 TL Stärke
100 g Mandelblättchen
Salz

1. Spinatblätter putzen, waschen, von groben Stielen befreien und ca. 5 Minuten in Salzwasser blanchieren. Mit eiskaltem Wasser abschrecken und zum Trocknen nebeneinander auf trockenen Tüchern ausbreiten.

2. Champignons putzen und blättrig schneiden. Schalotten und Knoblauch schälen und fein hacken. Öl erhitzen und Schalotten, Knoblauch und Pinienkerne darin anbraten, Champignons dazugeben und mitbraten lassen. Wenn alles goldbraun ist, das Weißbrot einbröseln und unter die Masse mischen. Würzen mit Salz und Pfeffer.

3. Backofen auf 200 °C vorheizen. Spinatblätter zu 8 Rechtecken (12x14 cm) zusammensetzen. Ca. 2 EL der Füllung mittig auf die Rechtecke verteilen, Seiten einschlagen und aufrollen. Die Spinatrouladen in eine mit Öl gefettete Backofenform schichten. Pflanzensahne mit Maisstärke, Muskat, Salz und Pfeffer abschmecken und gleichmäßig über die Spinatrouladen verteilen. Ca. 15-20 Minuten im Backofen backen.

4. Kartoffeln waschen und in gesalzenem Wasser bissfest garen. Wasser abschütten und pellen. In der Kartoffelpresse pürieren, mit Stärke Pflanzenmilch, Margarine und Salz gut vermengen und mit feuchten Händen Bällchen formen.

5. Mandelblättchen in einer beschichteten Pfanne ohne Fett goldbraun rösten und die Bällchen darin rundum wälzen. Mit den Spinatrouladen servieren.

RATATOUILLE AUX TRANCHES DE POMMES DE TERRE FRITES
RATATOUILLE MIT GEBRATENEN KARTOFFELSCHEIBEN

Ein traditionelles Sommergericht aus der Provence mit ihren charakteristischen Kräutern – Thymian, Salbei, Rosmarin und Bohnenkraut. Man kann es sowohl warm als auch kalt genießen.

DAUER: 45 Minuten

Für die Kartoffelscheiben:
500 g Kartoffeln, festkochend
2 EL Olivenöl
Salz

Für das Ratatouille:
300 g Aubergine
200 g Zucchini
300 g Paprika, rot und grün
500 g Tomaten
250 g Zwiebeln, rot
4 Knoblauchzehen
1 Zweig Thymian
1 kl. Zweig Rosmarin
1 Salbeiblatt
1 Zweig Bohnenkraut
Salz, Pfeffer

1. Backrohr auf 200 °C vorheizen. Kartoffeln waschen, schälen und in ca. 3 mm dicke Scheiben schneiden. Auf ein mit Backpapier ausgelegtes Backblech eng nebeneinander schichten. Mit Olivenöl beträufeln und backen, bis sie knusprig und hellbraun sind (ca. 35 Minuten).

2. Gemüse waschen, trocknen und in ca. 2 cm große Würfel schneiden. Knoblauch schälen und fein würfeln. Zwiebeln in Ringe schneiden. Kräuter von den Stielen zupfen und eventuell kleiner schneiden. In einer großen Bratpfanne 2 EL Olivenöl erhitzen. Nacheinander Zwiebelringe, Knoblauch und Paprikawürfel anbraten. Hitze zurückschalten und das Gemüse dünsten, bis es zart ist.

3. Tomatenwürfel und Kräuter dazugeben, salzen, pfeffern und weitere 25 Minuten dünsten.

4. In einer zweiten Pfanne das restliche Olivenöl erhitzen, die Zucchini- und Auberginenwürfel darin anbraten und bei kleiner Hitze 15 Minuten köcheln lassen. Das gegarte Gemüse zum Tomatengemüse hinzugeben und nochmals alles 5 Minuten zusammen dünsten lassen. Mit Salz und Pfeffer nachwürzen.

5. Kartoffeln salzen und mit dem Ratatouille servieren.

FENOUIL BRAISÉ À LA SAUCE CHAMPAGNE
GESCHMORTER FENCHEL MIT CHAMPAGNERSAUCE

Kapern sind die Blütenknospen des in Südfrankreich wachsenden Kapernstrauchs.
Konserviert in Essig oder Salzlake verfeinern sie viele Speisen.

DAUER: 30 Minuten + Garzeit

Für den geschmorten
Fenchel:
3 Fenchelknollen
1 Apfel (z. B. Granny Smith)
200 g Tomaten
1 EL Kapern
2 EL Olivenöl
2 EL Margarine
40 g grobes Paniermehl
2 EL Petersilie
1 TL Thymianblättchen
(1 Zweig)
2 EL Oreganoblättchen
Salz, Muskat, Pfeffer
Öl für die Form

Für die Champagnersauce:
1 Schalotte
300 ml Champagner
oder Sekt
200 ml Gemüsefond
100 ml Pflanzensahne
80 g kalte Margarine

evtl. etwas Zitronensaft
Salz, Pfeffer

1. Backofen auf 220 °C vorheizen.

2. Fenchel putzen und waschen, Fenchelgrün entfernen. Knollen der Länge nach halbieren und längs in ca. 1 cm breite Streifen schneiden. Apfel waschen, halbieren, Kerngehäuse entfernen und in 1 cm dicke Spalten teilen.

3. Öl in einer großen Bratpfanne erhitzen, Fenchel und Apfel dazugeben und unter vorsichtigem Rühren goldbraun anbraten.

4. Tomaten waschen, kreuzweise einschneiden und in einer Schüssel mit kochendem Wasser überbrühen. Kalt abschrecken und die Haut abziehen. Zu Würfeln schneiden und mit den gehackten Kapern zum Gemüse in die Bratpfanne hinzugeben. Thymian darüber streuen und kurz garen, bis die Tomaten zerfallen. 5 Minuten bei kleiner Hitze zugedeckt köcheln lassen, Deckel entfernen und nochmals 10 Minuten garen, bis die Tomaten eindicken. Mit Muskat, Pfeffer und Salz würzen.

5. Eine Auflaufform mit Öl auspinseln. Die Gemüse-Obst-Mischung in die Form füllen. Mit Paniermehl gleichmäßig bestreuen, Margarineflöckchen gleichmäßig darauf verteilen und mit Oreganoblättchen bestreuen. Ca. 15-20 Minuten im Backrohr überbacken. Vor dem Servieren mit frischer Petersilie bestreuen.

6. Für die Champagnersauce die Schalotte schälen und fein würfeln. Mit dem Champagner in einem Topf erhitzen und auf die Hälfte einkochen lassen. Gemüsefond angießen und weiterköcheln, bis sich die Flüssigkeit auf ein Drittel reduziert hat. Durch ein feinmaschiges Sieb gießen und mit der Pflanzensahne erneut aufkochen. Beiseite stellen, salzen und pfeffern. Vor dem Servieren bei mittlerer Hitze die kalte Margarine einrühren, sodass die Sauce cremig eindickt. Eventuell mit Zitronensaft (1 TL), Salz und Pfeffer abschmecken.

RAGOÛT DE CHOU ROUGE
ROTKOHLEINTOPF

Wacholderbeeren haben ein leicht harziges Aroma. Den kleinen, immergrünen Strauch findet man in den Alpenregionen Frankreichs. Auch ein wichtiges Würzmittel für Sauerkraut.

DAUER: 1 Stunde

600 g Rotkohl
250 g Apfel
600 g Kartoffeln
200 g Maroni
½ Zwiebel
5 Nelken, ganz
5 Wacholderbeeren
1 Lorbeerblatt
2 EL Zitronensaft
2 EL Olivenöl
500 ml Gemüsefond (siehe Rezept. S. 22)
100 ml Rotwein
1 EL Rohrzucker (alternativ Ahornsirup)
2 TL Kümmel
Salz, Pfeffer

1. Gemüsefond zubereiten.

2. Vom Rotkohl die äußersten (welken) Blätter entfernen, anschließend vierteln, Strunk herausschneiden und jedes Viertel in 5 mm breite Streifen schneiden. In einem Sieb waschen und abrinnen lassen.

3. Kartoffeln waschen, schälen und in ca. 1 cm große Würfel schneiden, Apfel waschen, halbieren, Kerngehäuse entfernen und ebenfalls würfelig schneiden.

4. Krautstreifen und Apfelwürfel mit Zitronensaft gut vermengen und mit den Händen etwas durchkneten. Olivenöl in einem großen Topf erhitzen, Rotkohl und Apfel dazugeben und unter Rühren scharf anbraten. Kartoffelwürfel untermengen und mitbraten lassen, Rohrzucker bzw. Ahornsirup unterrühren und kurz karamellisieren lassen. Kümmel darüber streuen und mit dem Gemüsefond aufgießen. Durchrühren, die Zwiebel mit den ganzen Nelken spicken und mit dem Lorbeerblatt und den Wacholderbeeren zum Eintopf geben. Zugedeckt bei kleiner Hitze ca. 30 Minuten dünsten, dabei immer wieder durchrühren.

5. Rotwein angießen und mit Salz und Pfeffer abschmecken. Noch 5 Minuten köcheln lassen, Zwiebel entfernen und die Maroni dazugeben. Nach weiteren 5 Minuten Kochen bei geringer Hitze sollte der Rotkohl mürbe und servierfertig sein. Nach Geschmack kann mit 1 EL Balsamicoessig nachgewürzt werden.

CRÊPES À LA CRÈME COINTREAU ET ORANGES
CRÊPES MIT COINTREAU-CREME UND ORANGEN

Cointreau ist ein Likör, der aus den Schalen süßer und bitterer Orangen zubereitet wird.

DAUER: 40 Minuten

Für die Crêpes:
600 ml Reismilch
1 Prise Salz
200 g Mehl
2 EL Apfelmus
2 EL Maisstärke
Öl zum Backen

Für die Creme:
500 g Sojajoghurt
200 ml Sojasahne,
aufgeschlagen
1 Sahnesteif
1 TL Cointreau
¼ TL Vanilleextrakt
2 TL Orangenschalen,
gerieben
1–2 EL Puderzucker

1. Für die Creme den Sojajoghurt am besten am Vortag durch einen Filter abrinnen lassen.

2. Den nun ziemlich festen Joghurt mit Cointreau, Vanille, Zucker und Orangenschalen vermengen. Sojasahne mit Sahnesteif aufschlagen und unter die Joghurtmasse heben. In den Kühlschrank stellen.

3. Für die Crêpes Reismilch mit den übrigen Zutaten zu einem glatten Teig verrühren. Ca. 15 Minuten ruhen lassen.

4. In einer Crêpepfanne (oder in einer mittleren, beschichteten Bratpfanne mit niedrigem Rand) mit 1 EL Öl erhitzen. In die sehr heiße Pfanne ca. eine Schöpfkelle Teig mittig eingießen. Durch Schwenken den Teig über den ganzen Pfannenboden verteilen. Nach 2 Minuten die Ränder der Crêpe mit einem Spatel vorsichtig lockern und anheben. Wenn die Unterseite goldbraun ist, die Crêpe wenden und weiter backen, bis sie rundum eine schöne Farbe hat. Auf einen Teller gleiten lassen und im Backrohr warm halten. Nach jeder Crêpe die Pfanne mit einem Papiertuch auswischen und wieder etwas Öl nachgießen. Weiter wie beschrieben verfahren, bis der Teig aufgebraucht ist.

5. Crêpes mit der Cointreau-Creme befüllen und mit Orangenspalten oder -scheiben anrichten.

COURGETTES QUICHE
ZUCCHINIQUICHE

„Quiche" entspricht dem deutschen Wort „Kuchen".
Sie ist eine französische Spezialität und kommt ursprünglich aus Lothringen.

DAUER: 1 Stunde
+ 2 Stunden Kühlzeit

4 ofenfeste Förmchen
(Durchmesser ca. 12 cm)

Für den Mürbeteig:
250 g Weizenmehl (optional
Dinkelmehl)
170 g hochwertige Margarine
170 g Sojajoghurt (über
Nacht abgeronnen)
½ TL Salz
oder 1 Pckg. veganer
Mürbeteig (300 g)

Für die Füllung:
500 g Zucchini
4 Knoblauchzehen, gehackt
300 g Béchamel (siehe
Rezept S. 30)
100 g veganer Reibekäse
1 Handvoll Basilikum,
gehackt
1 TL Salz
Pfeffer

1. Sojajoghurt (ca. 400 g) über Nacht in einem Sieb, das mit einem Baumwolltuch ausgelegt ist, abtropfen lassen. Abgeronnenen Joghurt mit Margarine, Mehl und Salz rasch verkneten. Den Teig in Folie wickeln und mindestens 2 Stunden kalt stellen.

2. In der Zwischenzeit die Béchamel nach Rezept zubereiten, mit gehacktem Knoblauch, Reibekäse und Basilikum vermengen und nochmals mit Salz und Pfeffer abschmecken. Zucchinis in 3-4 mm dicke Scheiben schneiden.

3. Backofen auf 200° C Ober-/Unterhitze vorheizen.

4. Auf einem bemehlten Backbrett den Teig ausrollen. 4 ofenfeste Förmchen (Durchmesser ca. 12 cm) verkehrt auf den Teig stellen, die Umrisse mit einem spitzen Messer ausschneiden. Den Teig in die Formen drücken, seitlich etwas hochziehen. Für die Wände der Formen zusätzlich 4 cm breite Streifen schneiden und die Formen damit auskleiden. Die Böden mit einer Gabel mehrmals einstechen.

5. Jede Form wie folgt befüllen: 1 Schicht Zucchini, 1 dünne Schicht Béchamel, darüber Pfeffer, nochmals eine Schicht Zucchini und mit Béchamel und Pfeffer abschließen.

6. Auf der mittleren Schiebeleiste ca. 15-20 Minuten backen, bis die Quiches eine goldbraune Farbe haben.

TIPP: Als Beilage passt sehr gut Tomatensalat.

CRÊPES AU CAFÉ GRATINÉES AUX AMANDES
GRATINIERTE CRÊPES AU CAFÉ MIT MANDELN

Jede französische Stadt, und sei sie noch so klein, beherbergt mindestens eine Crêperie.

DAUER: 45 Minuten

1 große oder 4 kleine ofenfeste Backformen

Für die Crêpes:
600 ml Sojamilch
200 g Mehl
2 EL Kichererbsenmehl
1 Prise Salz
Öl zum Backen

Für die Creme:
500 g Sojamilch
1 Pckg. Vanillepuddingpulver
2 EL Zucker
1 EL Löskaffee
4 EL Mandelblättchen

etwas Margarine für die
Formen

1. Für die Creme von der Milch ca. 120 ml abnehmen und in eine Tasse geben. Vanillepuddingpulver und Löskaffee gut darin verrühren, bis alles klümpchenfrei ist.

2. Restliche Milch erhitzen und zügig in die Pudding-Vanille-Milch mit einem Schneebesen einrühren. Unter fleißigem Rühren 1-2 Minuten köcheln lassen, bis die Creme eindickt. Zucker gut einrühren und zum Auskühlen in eine Schüssel geben. Kalt stellen und immer wieder durchrühren.

3. Für die Crêpes Sojamilch mit Salz und den Mehlen zu einem glatten Teig verrühren. Ca. 15 Minuten rasten lassen.

4. In einer beschichteten, mittelgroßen Pfanne mit niedrigem Rand (oder Crêpepfanne) 1 EL Öl sehr heiß werden lassen. 1 Schöpfkelle Teig mittig eingießen, Pfanne leicht schwenken, sodass sich der Teig schön am Boden verteilen kann. Crêpe ca. 2-3 Minuten anbraten lassen, mit einem Spatel die Teigränder lockern und anheben und, wenn die Unterseite schön gebräunt ist, die Crêpe wenden. Wenn die Crêpe rundum schön gebacken und goldbraun ist, auf einen Teller kippen und im Backrohr warm halten. Pfanne mit einem Papiertuch auswischen und den Vorgang wiederholen, bis sämtlicher Teig verbraucht ist.

5. In die Mitte jeder Crêpe 2 EL Creme füllen, Seiten einschlagen und in eine große oder vier kleine backofenfeste, mit Margarine ausgefettete Formen setzen. Mit Mandelblättchen bestreuen. Im vorgeheizten Backofen bei 200 °C 10-15 Minuten überbacken.

CRÊPES FROMAGE AUX NOIX ET ÉCHALOTES AU VIN ROUGE
CRÊPES MIT FRISCHKÄSE, WALNÜSSEN UND ROTWEINSCHALOTTEN

Auch wenn die Bretonen die süße Variante bevorzugen, werden in anderen Regionen Frankreichs Crêpes auch herzhaft belegt. Im Gebiet um Angers im Loiretal werden Schalotten besonders häufig angebaut. Nach der Ernte werden sie in luftigen Hallen gelagert, um schließlich in die ganze Welt verkauft zu werden.

DAUER: 1 Stunde

Für die Crêpes:
600 ml Reismilch
200 g Mehl
2 EL Kichererbsenmehl
1 Prise Salz
Öl zum Backen

Für die Creme:
Frischkäse (Siehe Rezept
S. 28)
100 g Walnüsse
2 EL Sojajoghurt
1-2 TL Salz

Für die Rotweinschalotten:4
ofenfeste Backförmchen

400 g Schalotten
4 EL Olivenöl
2 EL Ahornsirup oder
Rohrohrzucker
½ TL Thymian, getrocknet
125 ml Rotwein
Salz, Pfeffer
Öl für die Förmchen

1. Für die Crêpes Zutaten zu einem dünnflüssigen Crêpeteig verrühren.

2. Crêpepfanne oder beschichtete Bratpfanne mit 1 EL Öl ausstreichen und erhitzen. Teig mit einer Schöpfkelle in die Mitte der Pfanne gießen und durch rasches Schwenken der Pfanne den Teig gleichmäßig dünn verteilen. Kurz anbräunen lassen, mit einem Spatel die Ränder lockern und vorsichtig unter die Crêpe fahren, vom Boden lösen und rasch umdrehen. Nochmals kurz braten und auf einen vorbereiteten flachen Teller gleiten lassen. Warm stellen. Pfanne mit Papiertuch auswischen und den Vorgang so lange wiederholen, bis der Teig aufgebraucht ist.

3. In einer Bratpfanne Olivenöl erwärmen. Schalotten schälen, größere halbieren und nebeneinander in die Pfanne setzen. Unter Wenden rundum goldbraun anbraten lassen. Hitze zurückschalten, mit einem Deckel fest verschließen und weitere 4-5 Minuten garen.

4. Mit Thymian, Salz und Pfeffer würzen und weitere 3 Minuten offen bräunen. Ahornsirup oder Zucker darüber geben, dabei aufpassen, dass das sich bildende Karamell nicht anbrennt. Mit Rotwein ablöschen und kurz aufkochen lassen, dabei vorsichtig rühren, damit das Karamell sich gut auflöst.

5. Backrohr auf 200 °C vorheizen. 4 ofenfeste Backförmchen mit Öl ausstreichen und die Schalotten mit dem Sirup gleichmäßig darauf verteilen. Auf ein Backblech setzen und ca. 20 Minuten überbacken.

6. Für die Creme der Crêpes den Frischkäse nach Rezept zubereiten, dann Joghurt, Senf und gehackte Walnüsse unterrühren.

7. Die Crêpes füllen und mit den Rotweinschalotten servieren.

OMELETTE DE POTIRON À LA CRÈME
KÜRBIS-OMELETTE MIT CREME

Knoblauch wird auch „Trüffel der Provence" genannt. Hier unterstützt er den eher geschmacksarmen Kürbis und gibt dem Gericht sein Aroma. Wenn man es noch etwas pikanter möchte, kann man feingehackten Ingwer und Lauchringe in den Teig geben.

DAUER: 1 Stunde

Für das Omelette:
1 kleiner Hokkaido (ergibt ca. 45 g Kürbispüree)
2 EL Olivenöl
150 g Zwiebel
4 Knoblauchzehen
210 g Mehl
300 ml Sojamilch
1 EL Maisstärke
½ TL Backpulver
1 TL Paprikapulver
Salz, Pfeffer
Öl für die Pfanne

Für die Creme:
200 g Frischkäse (nach Rezept S. 28)
1 EL Kürbiskernöl
Salz, Pfeffer
eventuell Kürbiskerne

1. Backofen auf 200 °C vorheizen.

2. Hokkaido halbieren, entkernen und in große Würfel schneiden. Ein Backblech mit Backpapier auslegen, Kürbiswürfel darauf verteilen. Mit Olivenöl beträufeln. Garen, bis er weich ist, dann in einer Schüssel mit dem Stabmixer pürieren.

3. Zwiebel und Knoblauch schälen und fein hacken. In einer Schüssel Sojamilch mit Mehl, Maisstärke und Backpulver verquirlen, Paprikapulver, Gemüsewürfelchen und Kürbispüree dazugeben und mit Salz und Pfeffer kräftig würzen. In 4 Portionen teilen.

4. In einer kleinen, beschichteten Bratpfanne 1 TL Öl erhitzen, ¼ der Teigmenge einfüllen, Hitze reduzieren und vorsichtig braten lassen. Wenn die Unterseite leicht gebräunt ist, das Omelette mit einem Pfannenwender umdrehen und die zweite Seite knusprig braten. Im Backofen warm halten, bis alle Portionen fertig sind.

5. Für die Creme den Frischkäse nach Rezept zubereiten, mit Kürbiskernöl und eventuell Kürbiskernen vermengen und mit Salz und Pfeffer abschmecken. Mit dem Omelette anrichten.

TIPP: Das Omelette lässt sich auch sehr gut mit einem flachen Teller, der auf die Bratpfanne aufgelegt wird, wenden. Also: Teller auf die Pfanne und vorsichtig mit einem Küchentuch die Pfanne mit dem aufgesetztem Teller umdrehen. Omelette nun vom Teller erneut in die Pfanne gleiten lassen.

TARTE TATIN AUX CAROTTES, CÉLERI ET POIRES
KAROTTEN-SELLERIE-BIRNEN-TARTE-TATIN

Sellerie ist reich an ätherischen Ölen. Das typische Aroma intensiviert sich, je kleiner man die Knolle schneidet.

DAUER: 45 Minuten

1 Pckg. veganer Blätterteig
300 g Knollensellerie
120 g Lauch
250 g Karotten
300 g Birnen
2 EL Zitronensaft
1 EL Margarine oder Öl
1 EL Ahornsirup oder
Rohrzucker
1 TL Fenchel, getrocknet
Salz

1. Backofen auf 200 °C vorheizen.

2. Sellerie, Karotten, Lauch und Birnen waschen. Sellerie und Karotten in feine Streifen, Lauch in feine Ringe schneiden. Birnen vierteln, vom Kerngehäuse entfernen und in dünne Spalten teilen. Obst und Gemüse mit Zitronensaft beträufeln.

3. In einer ofenfesten Backform Margarine oder Öl erwärmen. Am besten eignet sich eine backofenfeste Bratpfanne mit hitzebeständigem Stiel. Obst und Gemüse zart (bei geringer Hitze) anschwitzen, Ahornsirup bzw. Zucker darüber geben und leicht karamellisieren lassen. Nach Geschmack salzen (vorsichtig!).

4. Blätterteig etwas größer als den Durchmesser der Pfanne ausrollen und das Obstgemüse damit bedecken. Mit den Fingerspitzen den Teig rundum festdrücken. Im Backofen 15-20 Minuten backen, die Tarte sollte schön gebräunt sein. Etwas auskühlen lassen, einen großen, flachen Teller auf die Pfanne setzen und alles umdrehen.

QUICHE PROVENÇALE
PROVENZALISCHE QUICHE

DAUER: 45 Minuten

4 ofenfeste Förmchen

1 Pckg. veganer Blätterteig
80 g Mandeln
1 Schalotte
2 Knoblauchzehen
2 EL Olivenöl
100 g Aubergine
100 g Zucchini
100 g Tomaten
50 g Oliven
150 g weiße Bohnen
4 EL große Brotkrümel
1 EL Oreganoblättchen
1 EL Rosmarin, gehackt
2 TL Johannisbrotkernmehl
1 EL Zitronensaft
Salz, Pfeffer
8 Cocktailtomaten

1. Backrohr auf 200 °C vorheizen. 4 backofenfeste Förmchen mit Blätterteig auslegen. Teig an Boden und Wand gut andrücken. Boden mit einer Gabel mehrmals anstechen. Mit Alufolie bedecken und ca. 15 Minuten backen.

2. Mandeln kurz in kochendes Wasser geben, 2-3 Minuten kochen lassen, kalt abschwemmen und die Haut mit den Fingern pellen. Die Mandeln mit Rosmarin und Oregano mit dem Pürierstab zu Bröseln verarbeiten und das restliche, würfelig geschnittene Gemüse anbraten.

3. Schalotte und Knoblauch schälen, dann Knoblauch und restliches Gemüse anbraten. Hitze zurückschalten und 10 Minuten garen lassen.

4. Bohnen aus der Dose in einem Sieb mit Wasser abbrausen und abrinnen lassen. Zusammen mit dem gegarten Gemüse und den Mandelbröseln in ein hohes Gefäß geben und kurz mixen. Johannisbrotkernmehl gut einrühren und mit Zitronensaft, Salz und Pfeffer abschmecken.

5. Das Püree in die Förmchen mit dem vorgebackenen Blätterteig füllen und mit einem Löffel glattstreichen. Mit den Brotkrümeln, 1 EL pro Förmchen, bestreuen. In Scheiben geschnittene Cocktailtomaten auf die Quiche legen und bei 200 °C ca. 20 Minuten backen. Über die fertigen Quiches frischen Pfeffer mahlen.

TIPP: Brotkrümel selber machen: 1 oder 2 Tage altes Weißbrot entrinden, in der Küchenmaschine grob mahlen, auf ein Tuch zum Trocknen legen oder auf einem Backblech bei 160 °C ca. 15 Minuten im vorgeheizten Backrohr trocknen lassen. Für feinere Brösel einfach das Weißbrot feiner mahlen.

CRÊPES À LA GANACHE ET AUX MELONS CARAMÉLISÉS
CRÊPES MIT GANACHE UND KARAMELLISIERTEN MELONEN

In der Bretagne werden Crêpes fast ausschließlich süß belegt,
beispielsweise mit Zucker, Konfitüre, frischen Früchten oder Schokoladencreme.

DAUER: 45 Minuten

Für die Crêpes:
600 ml Mandelmilch
200 g Mehl
2 EL Maisstärke
2 EL Apfelmus
1 Prise Salz
Öl zum Backen

Für die Ganache:
100 ml Pflanzensahne
100 g Schokolade 70 %

1 Zuckermelone
3 EL brauner Zucker oder
Ahornsirup
50 ml Cognac

1. Für die Crêpes Mandelmilch, Apfelmus, Salz, Mehl und Stärke gut verrühren. Teig 10-15 Minuten ruhen lassen.

2. Melone schälen, teilen und die Kerne entfernen. In ca. 0,5 cm dicke Spalten schneiden.

3. Für die Ganache die Schokolade grob hacken, Pflanzensahne erwärmen und die Schokolade darin auflösen. Die Schokocreme gut durchrühren und beiseite (nicht in den Kühlschrank) stellen.

4. In einer mittelgroßen, beschichteten Bratpfanne 1 EL Öl erhitzen und eine Schöpfkelle Teig mittig eingießen. Pfanne leicht schwenken, damit sich der Teig gleichmäßig dünn am Boden verteilen kann. 2-3 Minuten backen lassen, dann mit einem Spatel Ränder lockern und rundum anheben. Wenn die Crêpe schön goldgelb gebräunt ist, wenden und nochmal backen lassen, bis sie rundum leicht gebräunt und knusprig ist. Auf einen Teller gleiten lassen und im Backofen warm halten. Die fertigen Crêpes können übereinander gestapelt werden.

5. In einer großen, schweren Bratpfanne Zucker schmelzen lassen. Die Melonenspalten einlegen und rundum im Zuckersirup wenden. Hitze etwas zurückdrehen, das Karamell brennt schnell an und wird dann bitter. Wenn keine Kinder mitessen, Cognac darüber gießen. Die Pfanne dabei etwas hin- und herbewegen, damit sich der Cognac schön mit den Melonenstücken verbindet.

6. Crêpes mit der Ganache füllen und mit den karamellisierten Melonen anrichten.

TIPP: Anstelle von Melonen kann man auch sehr gut Äpfel verwenden.

DESSERTS
NACHSPEISEN

MOUSSE AU CHOCOLAT

*Die „Mousse au Chocolat" ist ein Schokoladenschaum und
sollte trotz ihrer Üppigkeit von luftiger Konsistenz sein.*

DAUER: 15 Minuten
+ 3 Stunden Kühlzeit

250 g vegane Sprühsahne
(optional Sojasahne mit
Sahnesteif)
200 g Seidentofu
150 g Schokolade 70%
½ TL Bourbon-Vanille
1 EL Zucker
einige Pfefferminzzweige

1. Seidentofu ausdrücken und mit Zucker und Vanille verrühren.

2. Schokolade über einem Wasserbad schmelzen, abkühlen lassen und unter den Seidentofu rühren.

3. Vorsichtig die Sprühsahne unterheben und 3 Stunden kühlen.

4. Mit Pfefferminze garniert servieren.

SORBET À L`ORGANGE
ORANGEN-CHAMPAGNER-SORBET

Das Sorbet ist Halbgefrorenes aus Fruchtpüree, Fruchtsaft und Zucker. Gerne wird auch noch Alkohol druntergerührt. Typisch für das Sorbet ist die besondere Konsistenz. Während des Gefrierens muss es mehrfach gerührt werden, damit es schön geschmeidig bleibt.

DAUER: 15 Minuten
+ 8 Stunden Kühlzeit

6 Orangen (ca. 300 g),
ausgepresst
3 TL Cointreau
200 ml Champagner (oder
Prosecco)
50 ml Wasser
100 g Zucker

1. Wasser mit Zucker aufkochen, zurückschalten und 3 Minuten köcheln lassen. Mit Orangensaft, Cointreau und Champagner vermengen.

2. Gemisch durch ein feines Sieb streichen und in einem flachen Gefäß in den Gefrierschrank stellen. Nach 2 Stunden mit einer Gabel durchrühren, diesen Vorgang stündlich wiederholen.

3. 8 Stunden gefrieren lassen, dazwischen zweimal mit dem Stabmixer pürieren (in einem hohen Gefäß). Vor dem Anrichten nochmals pürieren, damit das Sorbet eine glatte und geschmeidige Konsistenz bekommt.

TIPP: Champagner kann auch durch Sekt oder Prosecco ersetzt werden.

TARTE AUX FRUITS ROUGES ET CRÈME VANILLE
TARTE MIT BEEREN UND VANILLECREME

DAUER: 80 Minuten + 1-2 Stunden Kühlzeit
Tarteform (28 cm Durchmesser)

Für den Mürbeteig:
300 g Vollkornmehl
2 TL Backpulver
100 g Vollrohrzucker, fein gemahlen
200 g hochwertige Margarine
ca. 4 EL Wasser
etwas Margarine für die Form

Für die Vanillecreme:
250 ml Reismilch
1 Pckg. Vanillepuddingpulver
Zucker nach Bedarf
2 gehäufte EL Soja-Sahne, aufgeschlagen

Für den Belag:
1 Handvoll Himbeeren, frisch
1 Handvoll Heidelbeeren, frisch
10 große Erdbeeren, frisch
10 Zitronemelissenblätter
1 Pckg. veganer Tortenguss (optional)

1. Mehl mit Backpulver mischen und auf ein Backbrett sieben, in die Mitte eine Mulde drücken. Zucker hineingeben, die Margarine in Flöckchen schneiden und auf dem Mehl verteilen. Alle Zutaten mit dem Wasser rasch zu einem glatten Teig verkneten. Eine Kugel formen, in Alufolie wickeln und 1–2 Stunden im Kühlschrank ruhen lassen.

2. In der Zwischenzeit für die Vanillecreme Reismilch in einem Topf zum Kochen bringen. Zuvor 5 EL der warmen Reismilch mit dem Puddingpulver verrühren, bis keine Klümpchen mehr übrig bleiben. Mit einem Schneebesen in die kochende Milch geben und unter ständigem Rühren ca. 2–3 Minuten köcheln lassen, bis der Pudding eindickt. In eine Schüssel füllen, nach Bedarf Zucker unterrühren und abkühlen lassen. Immer wieder durchrühren und kurz vor dem Belegen die Sahne darunterziehen.

3. Den Backofen auf 200 °C vorheizen. Die Tarteform einfetten. Den Teig auf dem bemehlten Backbrett ca. 1–11⁄2 cm dick ausrollen und damit Boden und Rand auslegen. Mit einer Gabel mehrmals den Tortenboden in kleinen Abständen einstechen. Im Backofen auf der zweiten Schiene von unten ca. 25 Minuten goldbraun backen. Etwas abkühlen lassen und auf ein Kuchengitter stürzen.

4. Beeren waschen und verlesen.

5. Die Vanillecreme auf dem Tortenboden verteilen, mit den Früchten belegen und mit der Zitronenmelisse dekorieren. Den Tortenguss nach Anleitung zubereiten und sparsam darüber verteilen.

CRÈME CARAMEL

Die Crème Caramel ist dem deutschen Flan sehr ähnlich.
Normalerweise wird sie aus Eiern, Milch uns Zucker im Wasserbad zubereitet.
Der Karamell, der vor dem Servieren darüber gegossen wird, heißt wörtlich „gebrannter Zucker".

DAUER: : 30 Minuten

Ofenfeste Förmchen

Für die Crème:
800 ml Reisdrink
400 ml Hafersahne
4 EL Hartweizengrieß
4 EL Weizenmehl
1 Pckg. Vanillezucker

Für den Karamell:
100 g Zucker oder Vollrohrzucker
120 ml Hafersahne
120 ml Wasser

1. Backrofen auf 180° C Ober-/Unterhitze vorheizen.

2. In einer Bratpfanne Reisdrink und Sahne zum Kochen bringen und langsam Hartweizengrieß und Vanillezucker mit einem Kochlöffel einrühren. Dabei ständig weiterrühren, da sich die Mischung gerne am Pfannenboden ansetzt. Mehl einrühren und bei schwacher Hitze so lange unter ständigem Rühren köcheln lassen, bis die Crème Blasen wirft und eindickt. In ofenfeste Förmchen füllen, auskühlen lassen und 2 Stunden kalt stellen.

3. In einem kleinen Topf für den Karamell Zucker und Wasser bei mittlerer Hitze erwärmen, bis sich der Zucker aufgelöst hat. Die Zuckerlösung unter Rühren ca. 5 Minuten köcheln lassen, bis sich dunkles Karamell bildet. Hafersahne unterrühren und die Masse glatt rühren.

4. Förmchen stürzen und mit der warmen Karamellsauce übergießen.

TIPP: Man kann auch auf die Förmchen jeweils 1 EL Vollrohrzucker geben und diesen mit einem Gasbrenner karamellisieren, sodass eine knusprige Kruste entsteht.

PRALINES AU NOUGAT ET AUX ABRICOTS
NOUGAT-APRIKOSEN-PRALINEN

Comte de Plessis-Praslin, der deutsche Koch eines französischen Aristokraten
aus dem 17. Jahrhundert, gilt als Erfinder der Praline.

DAUER: 1 Stunde + Kühlzeit
ca. 25 Stück

25 Metallmanschetten

60 g Mandelnougat
20 g weiße Reismilchscho-
kolade
4 TL Hafersahne
3 EL Cognac
10 getrocknete Aprikosen
125 g Kuvertüre, zartbitter
(80 %)

1. Sieben Aprikosen vierteln und über Nacht in 2 EL Cognac einlegen.

2. Zartbitterkuvertüre über einem Wasserbad schmelzen lassen. Jeweils einen Teelöffel davon in eine Metallmanschette geben, diese durch Schwenken damit auskleiden (Schokolade darf nicht zu warm sein!) und umgedreht auf einem Gitter auskühlen lassen.

3. Nougat und weiße Schokolade über einem Wasserbad schmelzen lassen und Hafersahne dazugeben. 1 EL Cognac unterrühren.

4. Jeweils ein Aprikosenstück in die vorbereiteten Förmchen geben, mit Nougatcreme auffüllen und für ca. 1 Stunde in den Kühlschrank stellen. Restliche Kuvertüre erneut über dem Wasserbad schmelzen lassen und die Förmchen bis zum Rand anfüllen.

5. Die verbleibenden drei Aprikosen in dünne Streifen schneiden und kurz vor dem Aushärten der Schokolade jeweils zwei Streifen als Dekoration darauf setzen.

6. In einer verschlossenen Dose im Kühlschrank aufbewahren.

TIPP: Man kann auch Marzipan-Aprikosen-Pralinen nach diesem Rezept machen, indem man einfach die Nougatcreme ersetzt (hierfür 80 g Marzipan, 20 g gesiebten Puderzucker und 1 EL Cognac gut verkneten).

BISCUITS AUX AMANDES
MANDELGEBÄCK

Mandeln gedeihen in der Provence besonders gut.
Diese Art von Mandelgebäck wird im Deutschen auch Makrone genannt. Die Bezeichnung stammt vom
französischen „macaron" ab, was jedoch eine ganz besondere Art von Mandelmakronen bezeichnet.

DAUER: 20 Minuten
12 Stück

70 g Seidentofu
1 EL Öl
1 EL Pflanzendrink
50 g Zucker
70 g Weizenmehl
½ TL Backpulver
1 Msp. Bourbon-Vanille
1 Prise Salz
70 g Mandelblättchen
1 TL Mandellikör oder
Mandelaroma
12 Mandeln
100 g vegane Zartbitter-
Kuvertüre

1. Seidentofu gut auspressen (ergibt ca. 45 g). Mit Öl, Pflanzendrink und Mandellikör vermischen.

2. Weizenmehl mit Backpulver sieben und mit Zucker und Vanille vermengen. Feste und flüssige Zutaten miteinander vermengen, zuletzt mit einem Holzlöffel die Mandelblättchen unterrühren.

3. Backofen auf 180° C Ober-/Unterhitze vorheizen. Mit 2 Teelöffeln Teig abstechen, Kugeln formen, auf ein mit Backpapier ausgelegtes Backblech setzen und in die Mitte eine Mandel stecken. Auf mittlerer Schiebeleiste 15-20 Minuten backen.

4. Kuvertüre über einem Wasserbad schmelzen und die Makronen mit dem unteren Drittel hinein tauchen. Auf Alufolie trocknen lassen.

PETIT FOURS

Petit fours sind sehr feine, kleine Gebäckstücke der französischen Patisserie. Ihren Namen
(wörtlich übersetzt „kleine Backöfen") bekamen sie, weil das kleine Gebäck in der Restwärme
des Backofens nach der „großen Bäckerei" gebacken wurde.

DAUER: 40 Minuten
12 Stück

Für das Gebäck:
350 g Weizenmehl
150 g Zucker
250 g Sojajoghurt
1 Backpulver
1 Vanillezucker
120 ml Öl
50 ml Sprudelwasser
4 EL Himbeer- oder
Blaubeerkonfitüre
200 g Marzipanrohmasse
80 g Puderzucker

Für den Überzug:
250 g Fondant zum
Schmelzen
etwas Himbeer- oder
Blaubeersirup (optional)
½ Zitrone
etwas Puderzucker für
die Arbeitsfläche

1. Mehl mit Backpulver sieben. Zucker und Vanillezucker mit dem Sojajoghurt verrühren, mit dem Mehl vermengen und das Sprudelwasser und Öl gut einrühren.

2. Backofen auf 180° C vorheizen. Ein Backblech mit Backpapier auslegen und den Teig gleichmäßig darauf glattstreichen. Auf mittlerer Schiebeleiste 25-30 Minuten hell backen. Auskühlen lassen.

3. Die Teigplatte halbieren, beide Teile auf eine Größe von 16 x 12 cm zuschneiden und mit Konfitüre bestreichen. Übereinander legen, sodass jeweils die Konfitüren-Seite nach oben schaut.

4. Marzipanrohmasse mit Puderzucker vermengen, auf der mit Puderzucker bestäubten Arbeitsfläche entsprechend groß ausrollen und auf die Konfitüre legen. Jeweils 12 Quadrate (4 x 4 cm) daraus schneiden, indem man es zweimal der Länge und dreimal der Breite nach schneidet.

5. Fondant über einem Wasserbad auf 36-40° C erhitzen und mit dem Blaubeersaft und dem ausgepressten Zitronensaft vermengen. Die Masse zügig mit einem Teelöffel auf den Würfeln verteilen.

TIPP: Man kann die Petit Fours natürlich auch mit Zitronenglasur überziehen: 500 g Puderzucker, 80 ml Wasser, Saft einer halben Zitrone und etwas Himbeersirup für die rosa Farbe. Den Puderzucker in eine Schüssel sieben und mit Zitronensaft, Himbeersirup und Wasser solange gut verrühren, bis eine streichfähige Paste entsteht.

TARTELETTES AU CHOCOLAT À LA CRÈME DE FRAISE
SCHOKOLADEN-TARTELETTEN MIT ERDBEERCREME

*Patisserien in Frankreich bieten gerne Tartelettes mit Zitronen- oder Schokoladenfüllung an,
aber auch die fruchtigen Varianten sind sehr beliebt.*

DAUER: 30 Minuten
+ Kühl- und Backzeit

6 kleine Tartelettes (5 cm
Durchmesser) oder 4 größere
(8 cm Durchmesser)

Für die Tartelettes:
80 g hochwertige Margarine,
weich
150 g Weizenmehl
25 g Kakao
1 Msp. Backpulver
40 g Feinkristallzucker

Für die Creme:
200 g Erdbeeren (6 Stück
für Dekoration)
200 g Sojasahne
1 Pckg. Sahnesteif
2 EL Puderzucker
1 ½ TL Pfeilwurzelstärke
etwas vegane Zartbitter-
Kuvertüre
Staubzucker zum Bestäuben
Getrocknete Bohnen oder
Reis zum Blindbacken

1. Mehl mit Backpulver versieben und mit Kakao, Zucker und Margarine rasch zu einem Teig verkneten. In Folie wickeln und 1 Stunde kalt stellen.
2. Kleine Förmchen mit Margarine gut einpinseln und mit Mehl bestäuben. Backofen auf 200° C Ober-/Unterhitze vorheizen.
3. Boden und Rand der Förmchen mit Teig auskleiden. Mit Backpapier belegen und mit Hülsenfrüchten beschweren. Auf mittlerer Schiebeleiste 15 Minuten backen, dann Papier und Bohnen entfernen und weitere 10 Minuten backen. Aus Förmchen lösen und auf Kuchengitter auskühlen lassen.
4. Für die Creme Erdbeeren mit einem Stabmixer pürieren. Mit Puderzucker verrühren und in einem Topf unter Rühren zum Kochen bringen. Pfeilwurzelstärke in 20 ml Wasser verrühren und mit einem Schneebesen in das Erdbeerpüree einrühren. 2 Minuten kochen lassen. Sojasahne mit Sahnesteif aufschlagen und unter das ausgekühlte Erdbeerpüree heben. 2-3 Stunden in den Kühlschrank stellen.
5. Für die Deko die Erdbeeren zur Hälfte in die flüssige Kuvertüre tauchen.
6. Erdbeercreme in einen Spritzbeutel mit großer Tülle füllen und Rosetten auf die Tartelettes spritzen. Mit Schoko-Erdbeeren verzieren und mit Puderzucker bestäuben.

TIPP: Trocken gelagert sind sie genauso wie Mürbeteigplätzchen gut haltbar. Man kann sie daher gut vorbereiten und zu einem späteren Zeitpunkt befüllen.

CLAFOUTIS AUX FIGUES ET NOISETTES
HASELNUSS-FEIGEN-AUFLAUF

Clafoutis, ein weicher Auflauf, kommt aus dem Limousin. Das Dessert ist sehr beliebt,
wird traditionell mit Kirschen, aber auch mit Feigen, Pfirsichen oder Aprikosen zubereitet.

DAUER: 35 Minuten

4 ofenfeste Backförmchen

3 Feigen
70 g hochwertige Margarine
50 g Zucker
50 Haselnüsse
6 Kastanien (Maronen)
100 ml Pflanzendrink
100 g Mehl
1 EL Apfelmus
1 Pckg. Vanillezucker
½ TL Zimt
1 EL Margarine für
die Förmchen

1. Backofen auf 200° C Ober-/Unterhitze vorheizen. 4 ofenfeste Backförmchen mit 1 EL Margarine ausstreichen.

2. Kastanien in Scheibchen schneiden. Margarine schaumig rühren, Zucker, Vanille, Zimt und Haselnüsse dazugeben. Pflanzendrink und Apfelmus unterrühren, zuletzt Mehl und Kastanien unterheben. Den Teig auf die 4 Förmchen verteilen.

3. Feigen waschen, trocknen, vierteln und auf den Teig setzen.

4. Auf der mittleren Schiebeleiste 25-30 Minuten backen. Etwas abkühlen lassen und servieren.

CRUMBLE AUX POIRES
BIRNEN-CRUMBLE

Viele Birnensorten mit berühmten Namen kommen ursprünglich aus Frankreich.
Angeblich soll König Louis XIV besonders „La Louise Bonne", „die gute Luise", geliebt haben.

DAUER: 10 Minuten
+ 20 Minuten Backzeit

Förmchen (6 cm Durch-
messer und 7 cm Höhe),
4 Stück

400 g Birnen, säuerlich
40 g Zucker
50 g hochwertige Margarine,
kalt
70 g Weizen- oder Dinkel-
mehl
1 TL Zitronenschale
1 Zitrone
25 Cranberries oder
Berberitzen
10 Walnusshälften
etwas Zucker zum Bestreuen

1. Birnen waschen, vom Kerngehäuse befreien, in Spalten bzw. Stücke schneiden und mit ausgepresstem Zitronensaft beträufeln. Gemeinsam mit den Cranberries und den Walnusshälften in die ofenfesten Glasgefäße schichten.
2. Backofen auf 180° C vorheizen.
3. Zucker, Margarine, Mehl und Zitronenschale rasch verkneten und die Birnen damit grob bedecken. Mit etwas Zucker bestreuen und auf mittlerer Schiebeleiste 20-25 Minuten backen.

TIPP: Für dieses Dessert eignen sich feste, säuerliche Obstsorten (Äpfel, Pflaumen, Aprikosen, Rharbarber) am besten.

TARTE TATIN
APFELKUCHEN MIT KARAMELL

Die Tarte Tatin in Paris auch „tarte du chef" oder „tarte des demoiselles Tatin" genannt. Die typische Karamellschicht entsteht durch das „kopfüber" Backen. Nach dem Backen wird die Tarte gestürzt.

DAUER: 1 Stunde
+ 1 Stunde Ruhezeit

Ofenfeste Bratpfanne mit
ca. 26 cm Durchmesser

Für den Teig:
250 g Weizenmehl (optional
Dinkelmehl)
2 EL Apfelmus
120 g hochwertige Margarine,
weich
1 Prise Salz
1 EL Puderzucker
1 Pckg. Vanillezucker
1 TL Backpulver

Für den Belag:
1 kg Äpfel, säuerlich
2 EL Zitronensaft
100 g hochwertige Margarine
150 g Puderzucker
2 EL Apfelsaft

1. Eine ofenfeste Pfanne mit schwerem Boden, am besten aus Edelstahl, vorbereiten.

2. Mehl mit Backpulver in eine Schüssel sieben. Apfelmus, Margarine, Zucker, Vanillezucker und Salz dazugeben und alles vorsichtig vermengen. Nicht zu stark kneten. Den Teig in Klarsichtfolie wickeln und mindestens 1 Stunde in den Kühlschrank geben.

3. In der Zwischenzeit die Äpfel schälen, Kerngehäuse ausstechen und in Viertel (bei kleineren Äpfeln) oder Achtel teilen.

4. In die ofenfeste Pfanne 120 g Puderzucker geben (die Zuckerschicht sollte ca. 1 cm hoch sein) und mit dem Apfelsaft beträufeln. Die Apfelstücke auf den Zucker schichten. 80 g Margarine zerlassen und über die Äpfel gießen. Bei geringer Hitze die Pfanne erwärmen. Äpfel immer wieder in dem entstehenden Karamell wenden. Wenn die Äpfel halb weich sind, die restliche Margarine erwärmen und darüber träufeln und mit dem restlichen Puderzucker bestäuben.

5. Backofen auf 200°C Ober-/Unterhitze vorheizen. Den Teig auf einer bemehlten Arbeitsfläche in der Größe des Pfannendurchmessers ausrollen. Äpfel vorsichtig mit der Teigplatte belegen, dabei die Ränder leicht andrücken. Im Backofen auf mittlerer Schiebeleiste ca. 25-30 Minuten backen, der Teig sollte goldbraun sein.

6. Aus dem Backofen nehmen und mit Hilfe eines Tellers den Kuchen umdrehen. Schmeckt heiß und kalt.

TIPP: Die Tarte Tatin schmeckt auch sehr gut mit Pflaumen, Aprikosen oder Birnen.

TARTE À LA CRÈME ET AUX RAISINS
TARTE MIT JOGHURTCREME UND WEINTRAUBEN

Die Tarte muss nicht immer aus dem typischen Mürbeteig zubereitet werden.
Blätterteig ist eine sehr gute und vor allem unkomplizierte, schnelle Alternative.

DAUER: 40 Minuten

Tarteform (18 cm)

1 Pckg. veganer Dinkel-
blätterteig
500 g Sojajoghurt
2 EL Puderzucker
1 Pckg. Vanillezucker
500 g Weintrauben
Puderzucker zum Bestäuben
Getrocknete Bohnen, Linsen
oder Reis zum Blindbacken

1. Joghurt über Nacht in einem Sieb, das mit einem Baumwolltuch ausgelegt ist, abrinnen lassen (man kann Joghurt auch in Kaffeefilter füllen und in ein Sieb stellen). Wenn der Joghurt abgeronnen ist, in eine Rührschüssel geben, mit Puderzucker und Vanille vermischen und kalt stellen. Weintrauben waschen.

2. Backofen auf 200° C Ober-/Unterhitze vorheizen. Blätterteig ausrollen, eine Tarteform (18 cm) damit auskleiden, gut festdrücken. Überstehenden Teig nur leicht falten. Mit Backpapier belegen und mit den getrockneten Bohnen ca. 1 cm hoch befüllen. 10 Minuten backen, bis der Teig golden wird. Tarteform herausnehmen, Backpapier und Hülsenfrüchte entfernen, den Teigboden mit einer Gabel mehrmals einstechen und weiter backen, bis die Tarte knusprig braun ist.

3. Auskühlen lassen, mit Joghurtcreme befüllen und mit Trauben belegen. Abschließend mit Puderzucker bestäuben.

GÂTEAU À L'ARMAGNAC
ARMAGNAC-KUCHEN

Der Armagnac wird aus dem Weißwein der Gascogne destilliert.
Er schmeckt feuriger als Cognac und wird gerne nach dem Essen serviert.

DAUER: 15 Minuten + Backzeit

Kastenform (30 x 11 cm)

250 g Weizenmehl
1 Pckg. Vanille-Pudding-
pulver
125 ml Sojamilch
100 g Vollrohrzucker,
extra-fein
1 Backpulver
1 TL Zitronenschale
2 EL Apfelmus
125 ml Sprudelwasser
100 g hochwertige Margarine
50 g Puderzucker
50 ml Armagnac
Margarine und Mehl
für die Form

1. Eine Kastenform (30 x 11 cm) mit Margarine auspinseln und mit Mehl bestäuben. Backofen auf 200° C Ober-/Unterhitze vorheizen.

2. Margarine mit Zucker, Zitronenschale und Apfelmus schaumig rühren. Sojamilch mit Sprudelwasser vermengen. Mehl, Puddingpulver und Backpulver versieben und abwechselnd mit der Milch-Wasser-Mischung unter die Margarine-Zucker-Masse rühren, Teig in die Kastenform füllen und auf der 2. Schiebeleiste von unten 50-60 Minuten backen (Stäbchenprobe – Holzstäbchen gegen Ende der Backzeit in den Kuchen stechen, es darf kein Teig daran haften bleiben). Sollte der Kuchen an der Oberfläche zu braun werden, mit Alufolie abdecken).

3. Kuchen kurz auskühlen lassen, aus der Form stürzen. Puderzucker mit Armagnac vermengen und den Kuchen damit beträufeln.

MADELEINES

Die Form der Madeleines erinnert an das Relief der Jakobsmuschel.
Das feine Gebäck stammt ursprünglich aus Commercy und soll nach einer Köchin benannt worden sein.

DAUER: 30 Minuten + Backzeit

Backform mit 12 Madeleines

50 g Reis (oder Reismehl)
50 g Hartweizenmehl
5 g Weinsteinbackpulver
1 Prise Salz
50 g Mandeln
60 ml Rapsöl
30 ml Mandelcuisine (alternativ Sahne)
50 g Vollrohrzucker, fein gemahlen
1 TL Vanille
½ TL Orangenschale

1. Den Backofen auf 180 °C vorheizen. Die Madeleineförmchen mit Öl ausstreichen und bemehlen.

2. Den Reis fein mahlen und mit Hartweizenmehl, Backpulver und Salz versieben. Die Mandeln in Wasser kurz aufkochen, in ein Sieb schütten, mit kaltem Wasser abbrausen und die Haut abziehen. Kurz im Backofen trocknen lassen und mahlen. Das Öl mit der Mandelcuisine verquirlen, den Zucker mit der Vanille und der Orangenschale mischen und den Mandeln vermengen.

3. Alle Zutaten rasch zu einem Teig verkneten und in die Förmchen drücken, dabei keinen Teig überstehen lassen.

4. Auf mittlerer Schiebeleiste 8 – 10 Minuten backen. Abkühlen lassen und aus der Form klopfen.

MACARONS

DAUER: 30 Minuten
+ 3,5 Stunden Backzeit

ca. 30 Macarons

Spritzbeutel mit glatter Loch-
tülle (Ø 8 mm)
Backpapier oder Backmatten
für Macarons

120 g Kichererbsenwasser
(ca. 1 Dose Kichererbsen)
80 g Mandeln, blanchiert
und fein gemahlen
70 g Puderzucker
1 TL Zitronensaft
60 g Zucker
Grüne Lebensmittelfarbe
(Pulver)

Für die Creme:
110 g ungehärtete pflanzliche
Margarine, weich
120 g veganer Frischkäse
(siehe Rezept S. 28)
100 g Puderzucker
1 Vanilleschote
1 EL Zitronenschale,
fein gerieben (Bio)
oder
1 EL Orangenschale,
fein gerieben (Bio)

1. Kichererbsen durch ein Sieb gießen und das Abtropfwasser in einer Schüssel auffangen. Abwiegen, damit die Menge stimmt. In einen Topf geben, aufkochen lassen und auf die Hälfte reduzieren (10 Minuten). Nochmals abwiegen, damit die Menge stimmt. Auskühlen lassen.

2. Mandeln und Puderzucker in einer Schüssel mischen.

3. Kichererbsenwasser und Zitronensaft mit dem Handrührgerät oder in einer Küchenmaschine bei höchster Geschwindigkeit aufschlagen, bis es eine schaumige Konsistenz hat (ca. 3 – 4 Minuten). Den Zucker nach und nach in kleinen Portionen dazugeben. 8 – 10 Minuten auf höchster Stufe weiter aufschlagen, bis die Masse sehr fest ist. Jetzt noch die Lebensmittelfarbe dazugeben und weiter schlagen, bis die ganze Masse gleichmäßig Farbe angenommen hat (sie kann schon sehr intensiv von der Farbe sein, weil sie beim Backen deutlich verblasst).

4. Die grüne Masse nun zur Mandelmischung geben und drunterheben. Dabei den Teig immer wieder mit dem Teigspatel über den Schüsselboden ausstreichen, bis der Teig zähflüssig ist.

5. Zwei Backbleche mit Backpapier oder den Backmatten auslegen. Den Teig in einen Spritzbeutelfüllen und damit möglichst gleich große Plätzchen (ca. Ø 3,5) aufspritzen.

6. Nun bedarf es eines Tricks, um die Luftbläschen aus dem Teig und die Oberfläche glatt zu bekommen. Dafür einfach mit dem Handballen mehrmals kräftig von unten gegen das Backblech klopfen.

7. Die Plätzchen nun für ca. 2 Stunden trocknen lassen.

8. Den Backofen auf 110°C Ober-/Unterhitze vorheizen. Dann die Macarons auf der zweiten Schiene von oben für 30 Minuten backen. Dabei ist es wichtig, den Backofen nicht zu öffnen. Backofen ausschalten und die Plätzchen im Anschluss bei geschlossener Backofentür für weitere 30 Minuten drin lassen.

9. In der Zwischenzeit die Creme zubereiten. Vanille mit einen Messer aus der Schote kratzen. Margarine und Frischkäse mit einem Handmixer cremig schlagen und dabei den Puderzucker, die Vanille und den Zitronen- oder Orangenabrieb langsam einrieseln lassen. Bis zum Gebrauch gut zugedeckt in den Kühlschrank stellen.

10. Die Plätzchen aus dem Ofen nehmen und auf einem Gitter vollständig abkühlen lassen.

11. Zum Füllen die Plätzchen nach Größe paarweise sortieren. Mit dem Spritzbeutel kleine Mengen auf ein umgedrehtes Plätzchen spritzen und ein zweites Plätzchen draufsetzen.

12. Die fertigen Macarons in einer luftdichten Dose für 12-24 Stunden in den Kühlschrank stellen.

TARTE AUX FRAISES
ERDBEER-TARTE

DAUER: 25 Minuten + Backzeit
Spring- oder Tarteform
(Durchmesser 28 cm)

Für den Teig:
200 g Vollkornmehl, fein gemahlen (Dinkel oder Weizen)
1 Pckg. Weinsteinbackpulver
1 Prise Salz
80 g Vollrohrzucker, fein
gemahlen
1 TL Vanille
1 TL Zitronenschale (Bio)
8 g Leinsamen, gemahlen
60 ml Wasser
45 ml Rapsöl oder ein anderes neutrales Öl
200 ml Reismilch

Für das Nussmus:
100 g Haselnüsse, gehackt
etwas Vollrohrzucker
(optional)

250 g Erdbeeren, frisch
veganer Tortenguss, klar
(optional)

1. Backofen auf 180 °C Ober-/Unterhitze vorheizen. Backpapier zwischen Boden und Rand einer Springform spannen.

2. Mehl mit Backpulver und Salz mischen und in eine Rührschüssel sieben. Zucker mit der Vanille und der Zitronenschale mischen.

3. Leinsamen ca. 5 Minuten im Wasser quellen lassen, dann mit dem Öl und der Reismilch verquirlen.

4. Alle Zutaten zügig mit einem Löffel verrühren. Den Teig in die Springform geben und zum Rand hin etwas höher ausstreichen, damit sich der Tortenboden beim Backen nicht in der Mitte wölbt.

5. Auf der mittleren Schiene ca. 25 – 30 Minuten backen, aus dem Ofen holen und auskühlen lassen. Den Ring entfernen und das Papier abziehen.

6. Für das Nussmus die Haselnüsse so lange mit dem Stabmixer pürieren, bis ein glattes Mus entsteht. Nach Geschmack mit etwas Vollrohrzucker süßen. Das Mus auf den Tortenboden streichen und mit den in Scheiben geschnittenen Erdbeeren belegen. Eventuell mit veganem Tortenguss überziehen.

TRUFFE AU RHUM
RUMTRÜFFEL

DAUER: 30 Minuten + Kühlzeit
ca. 20-30 Trüffel

40 g Mandeln, blanchiert und
fein gemahlen
20 g Walnüsse, fein gemahlen
50 g Zartbitterschokolade
(75%)
3 TL Rum (38%)
30 g pflanzliche Margarine
4 TL Puderzucker
50 g Puderzucker oder Kakao

1. Zartbitterschokolade über Wasserbad schmelzen lassen und mit Rum vermengen.

2. Nüsse dazugeben und alles gut verrühren.

3. Margarine mit dem gesiebten Puderzucker schaumig rühren und löffelweise zur Schokoladenmasse geben.

4. Aus ca. einem Teelöffel Masse jeweils eine kleine Kugeln formen und diese dann in einer Schüssel mit Puderzucker oder Kakao in kreisförmigen Bewegungen schwenken.

5. Im Kühlschrank auskühlen lassen, anschließend mit restlichem Puderzucker oder Kakao besieben.

6. In einer verschlossenen Dose im Kühlschrank aufbewahren.

PARFAIT AUX FRAMBOISES
HIMBEER-PARFAIT

Parfait bezeichnet ein „vollkommenes Dessert", das, wie hier, halbgefroren serviert wird.
Im Gegensatz zu Speiseeis oder Sorbets wird es nicht unter Rühren hergestellt, sondern stehend gefroren.

DAUER: 20 Minuten + Kühlzeit

350 ml Pflanzensahne
300 ml Kokosmilch
60 g Zucker
1 EL Maisstärke
100 g Kokosmehl
1 Pckg. Vanillezucker
50 ml Kichererbsenwasser
1/ 2 TL Weinsteinbackpulver
50 g Himbeeren
Himbeeren für Deko

1. Pflanzensahne, Kokosmilch, Zucker, Maisstärke, Kokosmehl und Vanillezucker unter Rühren zum Aufkochen bringen. Vom Herd nehmen und abkühlen lassen.

2. Himbeeren in einen Topf geben und bei mittlerer Hitze aufkochen und prürieren. Abkühlen lassen.

3. Mit der Kokosmasse vermengen.

4. Kichererbsen durch ein Sieb gießen und das Abtropfwasser in einer Schüssel auffangen. Kicherebsenwasser und Weinsteinbackpulver 10 Minuten mit dem Handrührgerät oder der Küchenmaschine auf höchster Stufe schaumig aufschlagen, bis die Masse steif ist.

5. Die Kicherebsenmasse rasch unter die Kokos-Himbeermasse heben.

6. Die Masse in eine mit Klarsichtfolie ausgelegte Kastenform geben.

7. Für mindestens 8 Stunden in Tiefkühlfach geben. Vor dem Servieren mindestens 15 Minuten antauen lassen und mit frischen Himbeeren anrichten.

GÂTEAU AU CHOCOLAT
SCHOKOLADENKÜCHLEIN

Die kleinen, feinen Schokoladenküchlein sollten noch warm genossen werden.

DAUER: 45 Minuten

5–6 Förmchen (je nach Größe)

180 g Mehl
100 g Zucker
180 g Margarine
80 g Schokolade, 70 %
100 ml Sojamilch
1 EL Maisstärke
2 TL Backpulver
1 Vanillezucker
1 EL Kakao
1 EL Apfelessig
1 Prise Salz
Puderzucker zum Bestäuben
Margarine + 1 EL Mehl für die Förmchen

1. Backofen auf 170 °C vorheizen. Gleichzeitig das Backblech auf der 2. Schiebeleiste von unten einschieben. Förmchen mit Margarine ausstreichen und mit Mehl rundum bestäuben.

2. Zucker, Vanille und Kakao vermengen. Mehl, Maisstärke, Backpulver und Salz miteinander sieben.

3. Schokolade und Margarine im Wasserbad schmelzen.

4. Apfelessig in Sojamilch einrühren.

5. Zuerst Zucker, Vanille und Kakao unter die Schoko-Margarine rühren, dann die geronnene Sojamilch dazugeben und die Mehlmischung darüber sieben. Mit einer Gabel alles gut vermengen.

6. Die vorbereiteten Förmchen etwas mehr als über die Hälfte befüllen und ca. 25 Minuten backen.

7. Etwas abkühlen lassen, die Ränder mit einem scharfen Messer etwas lösen und auf Teller stürzen. Mit Puderzucker bestäuben und warm servieren.

LIQUEUR DE FRAMBOISE
HIMBEERLIKÖR

Als Likör bezeichnet man alkoholische Getränke, die mit mindestens 100 Gramm Zucker pro Liter und aromatischen Zutaten hergestellt werden. Cognac wird doppelt destilliert und in alten Eichenfässern gelagert.

DAUER: 20 Minuten + Reifezeit

500 g Himbeeren (tiefgekühlt oder frisch)
200 g Zucker
½ l Cognac
100 g Zucker
250 ml Wasser

1. Gefrorene Himbeeren mit 200 g Zucker und ca. 2 EL Wasser vermengen und in einem Topf kurz erhitzen, dabei gut durchrühren. (Frische Himbeeren nur mit dem Zucker verrühren.) Mit Cognac aufgießen und in eine gut verschließbare Glasflasche geben.

2. Bei Zimmertemperatur 4 Wochen ziehen lassen, dabei das Gefäß täglich gut schütteln.

3. Durch ein Baumwolltuch oder einen Filter in eine Schüssel gießen.

4. 100 g Zucker in 250 ml Wasser aufkochen, 10 Minuten köcheln lassen und mit der Alkohol-Himbeer-Flüssigkeit vermengen.

5. Nochmals filtern, in Flaschen füllen und verkorken.

VIN D'ORANGE
ORANGENWEIN

Der Vin d´orange ist eine fruchtig-alkoholische Spezialität aus Südfrankreich. Wird der Orangenwein als Aperitif serviert, sollte er wenig gezuckert werden. Das erhält den bitteren Geschmack. Als Dessertwein darf er ruhig süß schmecken.Das erhält den bitteren Geschmack. Als Dessertwein darf er ruhig süß schmecken.

DAUER: 10 Minuten
+ 10 Tage

500 ml Roséwein
500 ml Weißwein
3 unbehandelte Orangen
1 kleine Zimtstange
3 Nelken, ganz
1 Vanillestange
Kandiszucker (optional
Stevia, Agavensirup) nach
Geschmack

1. Die Weine mischen und in eine Glasschüssel geben.

2. Orangen waschen und nur die äußerste Schale (ohne weiße Haut) mit einem Sparschäler abziehen.

3. Orangenzesten mit Zimt, Nelken und Vanille zum Wein geben. Nach Belieben süßen.

4. Wein mindestens 10 Tage, mit einem Küchentuch bedeckt, ziehen lassen.

5. Durch ein Sieb in eine schöne Flasche gießen und kühl aufbewahren.

PAIN PERDU SUR MIROIR FRAMBOISE
ARME RITTER AUF HIMBEERSPIEGEL

Dieses Dessert passt auch sehr gut für ein ausgiebiges Sonntagsfrühstück
oder als Hauptgericht für Naschkatzen, wenn die Portion etwas größer ist.

DAUER: 45 Minuten

6 Toastbrotscheiben
250 g Apfelmus
50 g Kichererbsenmehl
70 ml Sprudelwasser
1 Pckg. Vanillezucker
200 ml Rapsöl
150 ml vegane Sahne
1 EL Sahnesteif
Staubzucker zum Bestäuben
4 Pfefferminzzweiglein
1 Handvoll Früchte, gemischt
250 g Himbeeren (auch
tiefgekühlt)

1. Toastbrotscheiben so halbieren, dass Dreiecke entstehen, kurz toasten (geht auch im Backofen).

2. Apfelmus mit Kichererbsenmehl, Vanille und Sprudelwasser zu einem dicken Backteig verrühren.

3. Rapsöl bodenbedeckt (ca. 2 EL) in einer Bratpfanne erhitzen. Brotdreiecke durch den Backteig ziehen und rundum im Öl goldbraun backen. Auf Küchenkrepp legen.

4. Sahne mit Sahnesteif aufschlagen.

5. Himbeeren pürieren.

6. Das gebackene Brot auf Teller setzen, mit Staubzucker bestäuben und mit den pürierten Himbeeren, der Sahne und gemischten Früchten anrichten. Mit Pfefferminze garnieren.

GÂTEAU AUX POMMES DE CHAMPAGNE
APFEL-CHAMPAGNER-TORTE

Nur Schaumwein aus dem Weintraubengebiet der Champagne, der nach streng kontrollierten Auflagen angebaut und gekeltert wird, darf den Namen Champagner tragen.

DAUER: 1 Stunde + Backzeit + Kühlzeit

Tortenform (Ø 24 cm)

Für den Teig:
250 g Mehl
130 g Margarine, kalt
70 g Zucker
3 EL Weißwein
Margarine und Mehl für die Tortenform

Für die Füllung:
1 kg Äpfel
2 Pckg. Puddingpulver, Vanille
500 ml Apfelsaft
500 ml Sekt (Champagner)
180 g Zucker
1 Pckg. Vanillezucker
250 ml aufgeschlagene, vegane Sahne
1 Pckg. Sahnesteif

1. Margarine mit einem Messer ins Mehl schneiden und mit den Händen zerbröseln.

2. Mit den übrigen Zutaten verkneten, Teig in Folie einwickeln und 30 Minuten kühl ruhen lassen.

3. Backofen auf 180 °C vorheizen.

4. Tortenform mit Margarine rundum ausfetten und bemehlen. Teig auf bemehlter Arbeitsfläche rund ausrollen. Der Kreis sollte größer als der Tortenboden sein, um den Rand ebenfalls mit Teig auskleiden zu können. Teig in die Tortenform geben.

5. Äpfel schälen, Kerngehäuse rund ausstechen und in Spalten teilen. Apfelspalten auf den Teig legen, die Tortenform sollte bis obenhin ausgefüllt sein.

6. Apfelsaft und Sekt mit Zucker und Vanille aufkochen. Puddingpulver mit ca. einem Viertel der noch kalten Flüssigkeit gut verrühren und mit einem Schneebesen in die restliche kochende Flüssigkeit einrühren. Unter stetigem Rühren kochen lassen, bis der Pudding eingedickt ist.

7. Den heißen Pudding über die Äpfel gießen.

8. Tortenform in den Ofen auf die erste Schiebeleiste von unten stellen und bei 180 °C 90 Minuten backen. Auskühlen lassen und noch mindestens 12 Stunden im Kühlschrank fest werden lassen.

9. Vegane Sahne mit Sahnesteif aufschlagen, Torte aus der Form nehmen und auf einen Teller stellen. Die Torte sinkt in der Mitte leicht ein. Die Sahne hügelartig einfüllen.

TIPP: Der Sekt bzw. Champagner lässt sich sehr gut durch helle, verdünnte Fruchtsäfte ersetzen. Besonders Holunderblütensaft eignet sich gut.

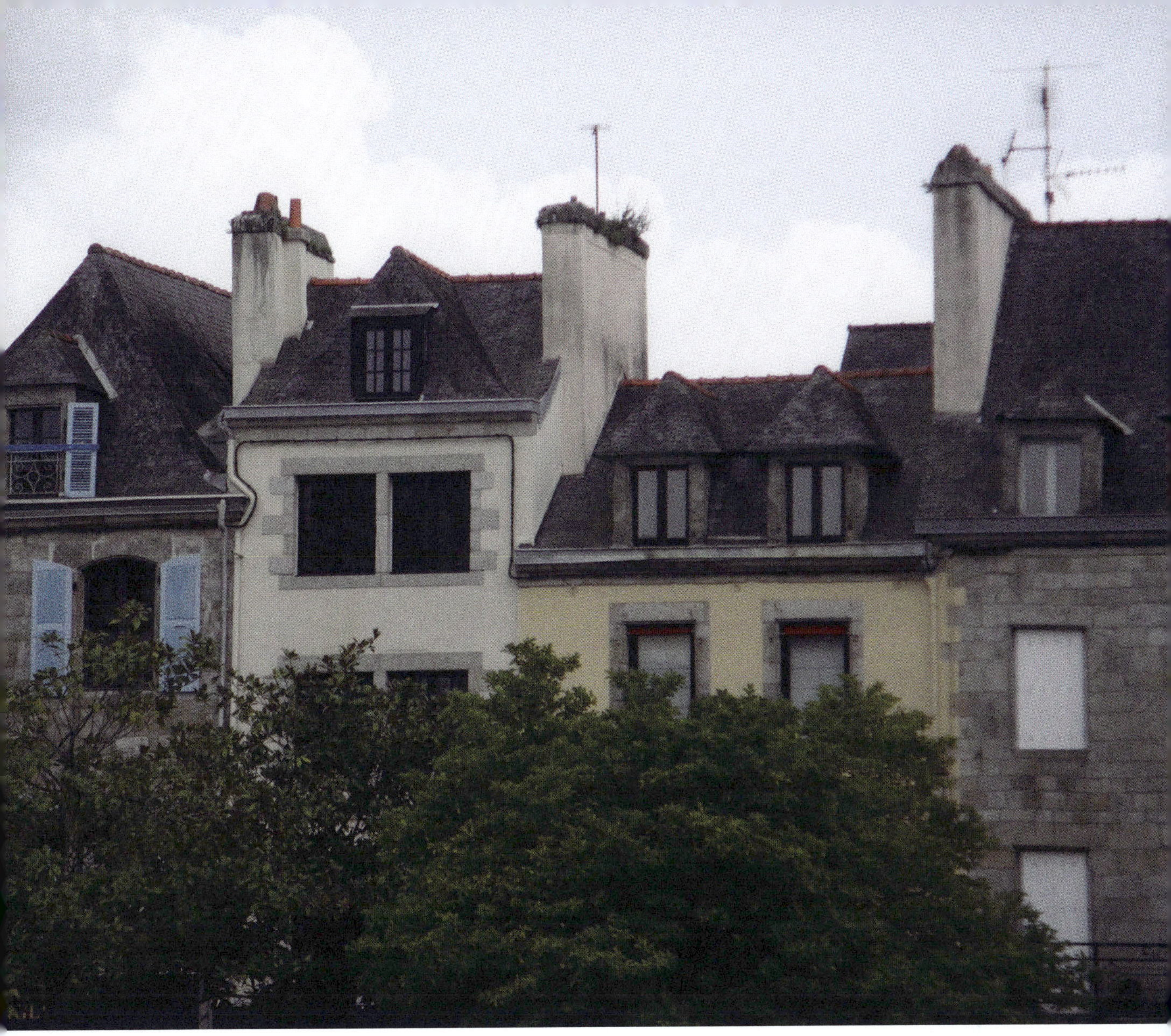
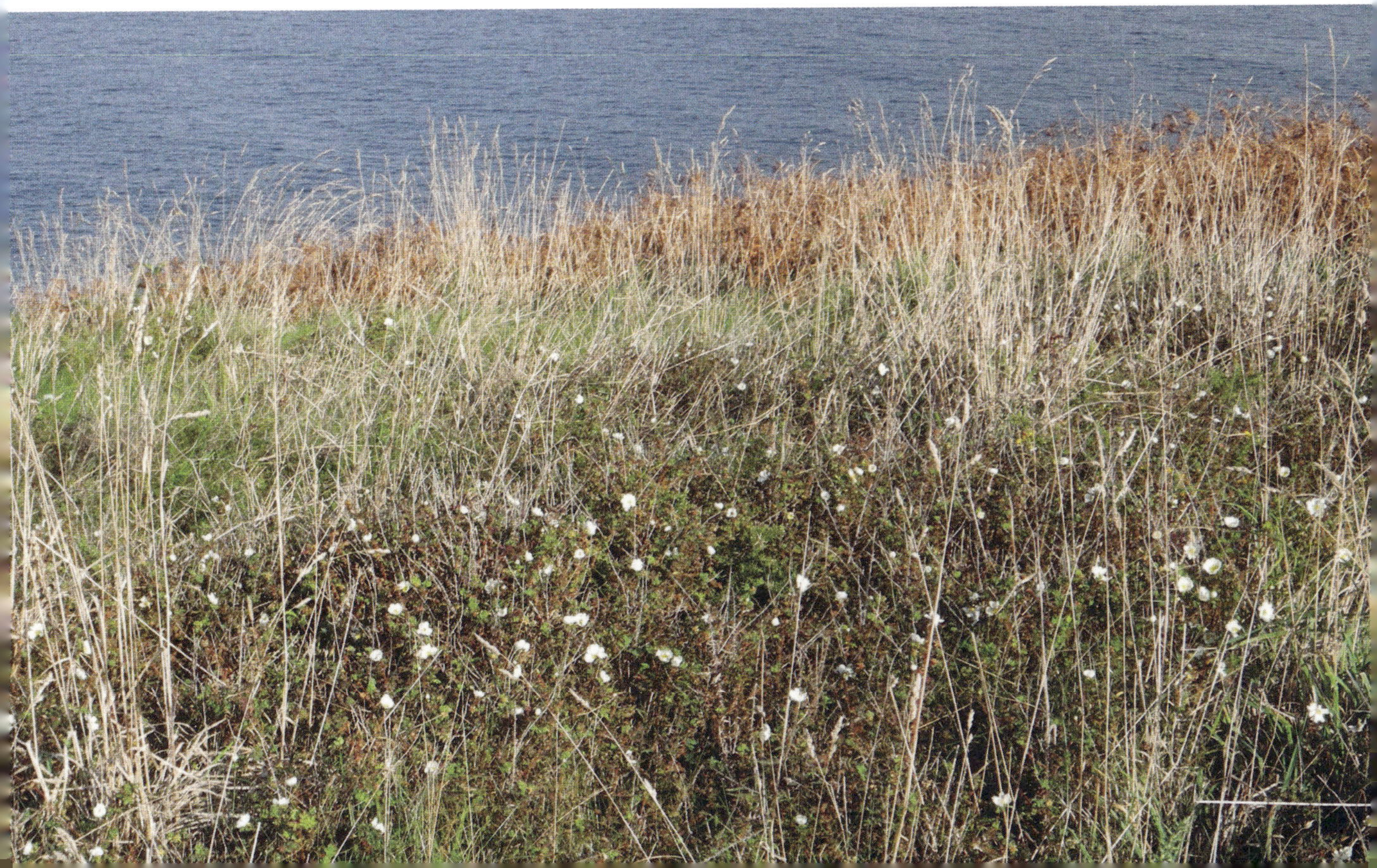

MERCI
DANK

Einen herzlichen Dank an alle Freunde, die mitgeholfen
haben, dieses Kochbuch so wunderbar zu machen und nicht
müde wurden, die unterschiedlichen Rezepte zu verkosten.

REGISTER

IMPRESSUM

© Neun Zehn Verlag Walter Unterweger
Kreuzstraße 21, 13187 Berlin, Germany
www.neunzehn-verlag.de

ISBN: 978-3-942491-40-2
Printed, 2020
1. Auflage

Fotografie & Fooddesign: all images © Arnold Pöschl
www.arnoldpoeschl.com
Foto von Arnold Pöschl © Maria Anna Pöschl

Illustration: all illustrations © Henriette Artz
www.yetiartz.de

Satz: Julia Groier-Bleiweis
www.graphicjulez.at